MW01172787

# ACAMPANDO COM CRIANÇAS

## DESENVOLVIMENTO INFANTIL ATRAVÉS DE

## ATIVIDADES AO AR LIVRE E ACAMPAMENTO

ANDRÉ LOBO ZAMBALDI

# ACAMPANDO COM CRIANÇAS

## DESENVOLVIMENTO INFANTIL ATRAVÉS DE

## ATIVIDADES AO AR LIVRE E ACAMPAMENTO

Dedico esse livro aos meus filhos Anthony e Sara e minha irmã Ana Beatriz.

## AGRADECIMENTOS

Agradeço minha sogra, amiga, escritora e professora que tanto me incentivou para a realização deste trabalho.

Agradeço meus pais por toda dedicação oferecida a mim e minhas irmãs.

Agradeço aos meus avós por me proporcionar tantas experiências e o contato com a natureza.

Agradeço minha esposa Kelly por sempre me apoiar e estar ao meu lado em todos os momentos.

Agradeço meu amigo Augusto e sua filha Laura pela amizade, e companheirismo em nossas aventuras.

# SUMÁRIO

# INTRODUÇÃO

*Existe um mundo cheio de aventuras fora da sua zona de conforto!*

Este livro vem proporcionar reflexões sobre qual o tipo de infância, e qual a qualidade que estamos proporcionando para nossos filhos. A agitação da vida cotidiana nos centros urbanos e nosso atual estilo de vida dificulta que a maioria das pessoas proporcionem momentos de diversão em contato com a natureza. Não seria incomum que essas crianças sejam bombardeadas com equipamentos eletrônicos e passem horas explorando e se aventurando em mundos virtuais ao invés de ter vivências reais e explorar o mundo real. Não tenho a pretensão de questionar os benefícios que jogos eletrônicos fazem para o ser humano, porém, é necessário observar a classificação de idade e monitorar o tempo de jogo das crianças.

Sabemos o quanto nossa rotina inviabiliza o desenvolvimento de certas atividades e o cansaço de um intenso dia de trabalho só nos faz querer descansar, porém como pais e responsáveis temos uma enorme responsabilidade com nossos filhos. Como responsáveis devemos proporcionar atividades recreativas, criar momentos e memórias em família além de estimular a criatividade, aprendizagem, consciência ambiental, fortalecimento, desenvolvimento da coordenação motora e de quebra gasta um pouquinho da energia da "criançada".

Vamos desbravar nesse livro a importância da atividade de acampar e seus benefícios. Um acampamento bem organizado exige trabalho de equipe, responsabilidade e cooperação para realização de tarefas, cumprimento de regras, condutas e conquistar objetivos.

Provavelmente já deve ter ouvido que "a geração atual" possui certa dificuldade em executar algumas tarefas e a história continua com um saudoso "no meu tempo" concluindo com pontuações e contrastes de gerações. "Culpando" o estilo de vida e comodismo das novas gerações, como se a tecnologia não buscasse melhores condições de vida para a sociedade em diversas áreas. Não podemos fazer com que uma geração seja exatamente como a anterior, mas podemos proporcionar atividades e experiências que contribuam para o crescimento pessoal de cada indivíduo.

Acampar trabalha a socialização, compromisso, respeito, diálogo, espírito de liderança entre muitas outras habilidades importantes para o seu desenvolvimento. Através das atividades em natureza é possível entender na prática a importância de confiar nos colegas, e executar atividades para benefício do grupo são algumas das experiências vividas nessa atividade.

Este livro traz noções de acampamento para adultos e crianças que desejam se aventurar e não possuem experiência. Serão expostas observações importantes para tornar sua aventura repleta de experiências produtivas e positivas. Nos primeiros capítulos você terá acesso a dicas de equipamentos, técnicas de organização e configurações de acampamentos, e após conhecer um pouco mais sobre essa prática, entraremos no tema alvo deste livro, *acampar com crianças*. Também serão abordadas atividades para as crianças e histórias para contar em volta da fogueira.

As experiências vividas em acampamentos e atividades em contato com a natureza possuem uma grande carga emocional e aprendizado, que muito provavelmente serão memórias e experiências para a vida toda. Por tanto:


**PREPAREM-SE!**

**QUE A AVENTURA IRÁ COMEÇAR!**

Crianças montando suas barracas.

# 1. O QUE É ACAMPAMENTO?

Acampamento é a atividade de instalar-se e pernoitar no ambiente natural. Porém, para um acampamento acontecer de maneira proveitosa e divertida será necessário a aplicação de várias técnicas, como montagem de abrigo, preparação de alimentos, purificação de água, entre outras técnicas essenciais. Por isso, o acampamento pode ser considerado uma atividade composta e que está ligado ao coletivo e acompanhado de atividades ligadas a estruturação e organização do acampamento que valorizem o trabalho em equipe e respeito mútuo. Não é incomum encontrar nas redes sociais pessoas acampando sozinhas, essa prática não é recomendada por uma série de riscos, restringindo o "acampamento solo" apenas em situação de extrema necessidade ou emergência.

Para iniciar as atividades de camping e adquirir experiência com técnicas necessárias não há necessidade de se colocar já em campo, é possível começar com pouco espaço, em casa, no quintal ou chácara. Mesmo que o acampamento seja realizado no quintal da sua casa no meio da cidade, podemos usar uma única palavra para simplificar todo o espírito de um acampamento: AVENTURA!

Existe uma série de regras e precauções que devem ser seguidas para que o acampamento seja divertido, saudável, prazerosa e SEGURO.

Acampamento realizado em um dia chuvoso.

Ao decidir acampar, você estará se desprendendo de muitas mordomias do mundo contemporâneo e retornando as primitivas origens humanas. Ainda poderá contar com qualquer tecnologia que quiser levar em seu equipamento, como celulares, rádios comunicadores, lanternas, fogareiros e etc., porém, a essência do acampamento é a conexão com a natureza, seja o acampamento voltado para o lazer ou para a aplicação e aprimoramento de técnicas de sobrevivência.

Pensando em uma atividade com crianças você tem a possibilidade de direcionar as atividades para desenvolver as habilidades que lhe interessa, ou ainda treinar habilidades de colegas com menos experiência. Esse guia irá nortear suas ações dentro do que você procura. Antes de acampar, você deverá planejar antecipadamente uma série de itens, e o local, que será abordado futuramente neste mesmo livro.

## 2. ACANTONAMENTO

Uma opção interessante para iniciar sua jornada em acampamentos é um acantonamento, ou seja, usar a estrutura local para permanecer o tempo programado para sua aventura.

Um acantonamento agiliza a acomodação do grupo, dando oportunidade de iniciar as atividades direcionadas pouco tempo depois da chegada. Essa possibilidade é muito utilizada por alunos e grupos missionários que permanecem por dois ou mais dias em escolas, ou construções públicas, utilizando salas de aula ou repartições como alojamento. Não há necessidade de levar barraca, ficando confortável com simples colchonetes ou sacos de dormir.

NUNCA! Faça seu acantonamento em local com estrutura comprometida ou área de risco. A segurança é sua prioridade, caso o local não ofereça a segurança necessária, aborte sua aventura e volte quando encontrar um local seguro, ou encontre um local para acampar.

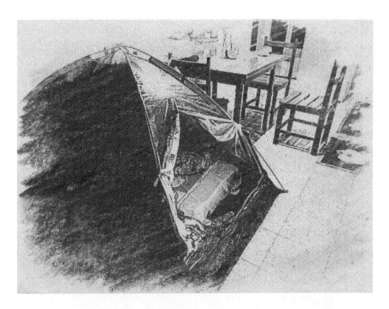

Acantonamento realizado na sala de uma residência.

## 3. POR QUE ACAMPAR COM CRIANÇAS?

Acampar é uma experiência incrível que envolve o companheirismo, responsabilidade, respeito, independência, proatividade, trabalho em equipe e consciência ambiental.

Visto isso, fica uma questão pairando no ar: Qual seria o motivo de privar as crianças de uma experiência tão rica quanto essa?

Crianças são curiosas, enérgicas, divertidas e sedentas por aventuras e esse espírito é perfeito para o estímulo da aprendizagem e o desenvolvimento de várias habilidades. Qual seria o motivo para não aproveitarmos isso? Falta de tempo? Local adequado? Ou pouca experiência?

Tudo isso pode ser resolvido com planejamento e vontade. É muito importante lembrar que cada indivíduo passa pela infância apenas uma vez, e as experiências nessa fase da vida são importantíssimas para o desenvolvimento humano. Como pais e responsáveis, não podemos permitir que essa fase tão importante não seja estimulada com qualidade. Pode até parecer redundante fazer esse comentário, porém, vivemos em uma sociedade na qual uma parcela da população acredita que a responsabilidade de ensinar e educar pertence apenas a escola, ignorando ou simplesmente se acomodando com o trabalho desempenhado por ela.

Certamente você conhece algum adolescente desinteressado, desmotivado, ou pouco prestativo. Possivelmente ele foi uma criança que recebeu poucos estímulos que desenvolvessem suas habilidades. Infelizmente esse exemplo não é um caso isolado, ocorrendo com frequência atualmente devido nosso estilo de vida. Priorizamos (não por escolha e sim por necessidade) preocupações com trabalho, questões financeiras, deixando a preocupação com o desenvolvimento da criança apenas para o ambiente escolar. Isso é um grave erro, mas sabemos que em sua grande maioria não acontece por desleixo da família.

Por mais que as escolas possuam estruturas e rotinas propícias para o aprendizado, profissionais capacitados para desenvolver habilidades das crianças, é necessário deixar claro que a escola possui suas limitações. Na escola será estimulado a independência, confiança e responsabilidade com toda certeza, porém, como pais e responsáveis, não podemos permitir que somente na escola seja trabalhado tais habilidades. O sucesso para a vida escolar das crianças está no trabalho cooperativo entre família e escola. Onde um, reforça e apoia as decisões do outro. Quando as partes não se apoiam, quem paga um alto preço é a própria criança.

Crianças são espertas, curiosas e prestativas, com certeza possuem algumas dificuldades na realização de tarefas simples ou esquecem etapas de tarefas complexas. Porém, isso não impede que ela auxilie o adulto em sua atividade. Essa cooperação pode parecer pouco necessária para o adulto, mas é satisfatória e rica para a criança. Ela se sentirá útil, importante e feliz por estar contribuindo. Também irá começar a compreender como aquela tarefa deve ser realizada e o motivo de ser realizada, por mais simples que seja.

Pais cuidado! Quando criamos nossos filhos em "bolhas" sociais imaginando privá-los do perigo e sofrimento, podemos estar criando na verdade pessoas dependentes e acomodados. Por isso, cautela! Nem sempre o que parece ser seguro é adequado. Não está errado o pai que busca proteger seus filhos. O erro é privá-los de experiências importantes para o seu desenvolvimento. Boicotando de um amadurecimento social e crescimento pessoal.

O pior antagonista que uma criança pode ter é uma família que não proporcione seu desenvolvimento pessoal.

Com certa frequência ouvimos relatos de como os adolescentes ou como alguns gostam de dizer "essa nova geração" são "folgados", "não saem do computador, celular ou videogame" e "não se interessa por nada", sendo que a própria família pode ter privado enquanto criança, de uma prática esportiva, ou atividades que desenvolvessem habilidades sociais, físicas e mentais. Ou seja, exige-se do adolescente um desenvolvimento que não foi oferecido.

O desenvolvimento infantil é importantíssimo e deve ser tratado como prioridade. Estimulando seus filhos a desenvolver suas capacidades, podendo ser feito de formas diferentes, e atividade do acampamento é um "prato cheio".

Unindo o espírito de aventura das crianças com um acampamento bem planejado, organizado e bem executado, você terá uma receita de sucesso e ótimas experiências. O próprio ambiente natural ajuda na composição de uma atmosfera que quebra a rotina urbana, e somada as orientações e atividades planejadas pelo líder de acampamento ou pela família, certamente haverá ótimos resultados.

No acampamento a criança pode participar de todas as tarefas e atividades, desde as mais simples até as mais complexas. Sempre com a orientação de um familiar ou líder de acampamento.

Sara, com 4 anos, acampando no quintal de casa.

## 4.  QUAIS OS BENEFÍCIOS?

Uma criança que cresce participando nas tarefas simples e boas experiências, tem grande chance de se tornar uma pessoa mais confiante, responsável, independente e proativo.

**- CONFIANÇA.** Confiança não é adquirida do dia para a noite, ela é desenvolvida através de experiências, com direito a erros e acertos. Confiança é ter certeza, é ausência do medo de errar. Isso só acontece quando a pessoa possui prática naquilo que faz e passa a ter segurança em si mesmo. Uma pessoa confiante não tem vergonha em assumir que não tem prática ou pouco conhecimento em determinados assuntos.

Uma criança confiante não tem vergonha ou medo de fazer perguntas, pois reconhece que há muitas coisas que não conhece e precisa aprender. Uma pessoa confiante não vergonha de assumir que não tem domínio em certas tarefas.

**- RESPONSABILIDADE.** Crianças que acampam e participam das atividades e tarefas criam um senso de reponsabilidade rapidamente. Pois se preocupam e se comprometem em concluir aquilo que foi designado. Elas conhecem a necessidade de preparar e concluir corretamente seus afazeres para que o acampamento flua perfeitamente.

**- CONSCIÊNCIA AMBIENTAL.** Uma criança que cresce em contato com a natureza aprende sobre a importância de manter o equilíbrio ambiental e preservação. Evita deixar lixos e dejetos em ambientes naturais ou locais inadequados. Pois tem consciência do impacto que pode causar para animais e decomposição. Tornando-se uma pessoa responsável pelos próprios resíduos, aonde estiver.

**- RESPEITAR REGRAS.** Algo muito importante para uma atividade divertida, saudável e segura é o cumprimento das regras. Jogos e até mesmo brincadeiras possuem regras.

Cada regra do acampamento e das atividades existe para manter todos em segurança e em convivência harmônica. Uma criança que está acostumada a cumprir regras é uma pessoa que compreende que não pode fazer o que quer a hora que quer. É uma criança que respeita e cumpre não por medo de uma possível punição, mas porque compreende a importância delas.

As regras estão em todo lugar, e na maioria das vezes as crianças não compreendem o motivo da existência dessas regras. Por isso, quando uma criança questionar sobre uma devida regra, é importante que o adulto responda corretamente o motivo. Respostas como "por que sim", "não sei", só deixará a criança frustrada e sem motivação para fazer novas perguntas, quebrando parcialmente a linha de comunicação entre ela e o adulto. Quando não souber a resposta correta, cabe ao adulto ter a humildade de assumir que desconhece sobre a existência daquela determinada regra. Juntos podem especular sobre ela e buscar a resposta correta quando for necessário. Dessa maneira a criança se sentirá feliz por ter recebido a atenção devida, mesmo que a resposta não seja a esperada. Fortalecendo a linha de comunicação entre ambos.

**- RESPEITAR O PRÓXIMO, EMPATIA.** Acampar é uma atividade que deve ser realizada em grupo e para as crianças essa convivência ajuda a desenvolver a socialização e trabalho em equipe. Respeitar as diferenças é algo que deve ser praticado diariamente. É muito normal achar estranho aquilo que nos parece diferente. Porém, quando o diferente no outro me incomoda, nós temos um grande problema, chamado preconceito.

As crianças costumam ser mais preocupadas com os outros e estimular essa interação e cuidado com o outro desenvolve a empatia. Também é importante estimular o respeito pela diferença durante a pratica das tarefas e atividades, valorizando as qualidades e vantagens de cada indivíduo.

Atitudes com desrespeito, xingamentos ou qualquer ato que não esteja de acordo com uma convivência harmônica deve ser repreendida imediatamente. O acampamento deve ser uma atividade proveitosa para todos.

Precisamos lembrar que nosso objetivo é tornar esse ambiente rico em experiências positivas, prática de atividades físicas, momentos de interação social e desenvolvimento infantil. Por tanto é de extrema necessidade que os responsáveis e monitores saibam lidar com a diversidade e orientar quanto ao respeito com o próximo, seja ele quem for e como for. Independente de credo, raça, deficiência ou qualquer outra particularidade.

É importante saber lidar com esse tipo de atitude logo no início, para desencorajar situações semelhantes no futuro e outros campistas. Essas "más atitudes" devem ser repreendidas em particular, enquanto boas atitudes, conquistas devem ser elogiadas e parabenizadas em público.

**- PROATIVIDADE.** Atualmente se fala muito sobre proatividade. Porém, existe alguma receita para se tornar uma pessoa proativa?

Uma pessoa proativa é uma pessoa que se prepara, se antecipa, e está atenta ao seu redor. É aquela pessoa que percebe que algo não está indo bem antes mesmo de algo dar errado. Aquela que oferece ajuda ao colega quando percebe que esse está com alguma dificuldade.

Através das atividades e tarefas do acampamento e sua prática regular é possível desenvolver essa habilidade. Uma pessoa proativa conhece o funcionamento daquele ambiente e isso é a sua grande vantagem. Por saber o que precisa ser feito ela se adianta e se prepara. Conhecer quais são as etapas das tarefas, e quais tarefas são prioridades e quais não são. A partir dessa visão geral, a pessoa irá se antecipar para concluir tarefas, orientar e auxiliar os demais. Dando importância para tarefas fundamentais.

Como perceber se a criança tem senso de proatividade?

Com pequenas atitudes. Quando ela percebe alguém próximo realizando uma tarefa, por exemplo, colocando a sela no cavalo e a criança se aproxima com o freio do cavalo. Que seria a próxima etapa. Isso demonstra o conhecimento da criança naquela determinada tarefa, e para ajudar, se antecipou trazendo para perto aquele objeto que seria utilizado posteriormente.

- **INDEPENDÊNCIA.** A independência é o fato de conseguir realizar tarefas sozinho. A criança não se torna independente sozinha, ela é ensinada e incentivada a isso. Esta habilidade se inicia desde cedo, quando a criança começa a comer sozinha, se limpar e assim por diante. Visando o perfil de crianças de 6 a 12 anos, elas já possuem um bom senso de independência, mesmo assim, é preciso continuar desenvolvendo.

No acampamento, atividades e tarefas simples podem ser designadas para as crianças maiores e adolescentes. Oriente sobre sua execução e outras informações necessárias para o processo e deixe que executem. Permita que errem e não interfira ao perceber que cometeram algum erro. Deixe que reflitam sobre e encontrem a solução. Oriente novamente quando solicitado. Caso perceba que não irão lhe consultar mesmo com dúvida, se aproxime e pergunte se precisam de ajuda. Faça comentários pertinente ao trabalho, avalie e elogie.

Para as crianças menores, proponha que auxiliem os monitores. Pode parecer simples demais, mas todos irão ficar felizes em ajudar, e dessa forma eles vão percebendo como preparar um acampamento. Com o passar do tempo e prática vão se sentir mais confiantes e poderão realizar essas atividades sozinhos, independentes.

**- RESPEITAR A FIGURA DE AUTORIDADE.** Todo acampamento com crianças possui um Líder de Acampamento, ele é o responsável por todos e a maior autoridade presente ali. Cabe ao líder distribuir, orientar e supervisionar as tarefas e atividades. Em um acampamento em família a figura do líder são os pais.

No acampamento com várias crianças também haverá monitores, sua função é auxiliar e atender as crianças de acordo com as ordens do líder.

O líder do acampamento por sua vez precisa ser firme, ao mesmo tempo que atencioso, coerente, imparcial e acima de tudo, acessível. Assim, as crianças criarão uma ligação de respeito, segurança e uma "linha de comunicação" direta e confiante com ele.

Trilha realizada em acampamento.

**- ATIVIDADE FÍSICA.** O sedentarismo infantil está cada vez mais comum nos tempos atuais. Nosso estilo de vida e insegurança praticamente obriga a prender nossas crianças e adolescentes em casas e apartamentos.

No acampamento temos a oportunidade de praticar atividades físicas em contato com a natureza. Fazer trilhas, praticar alguns esporte e brincadeiras que farão as crianças gastar um pouco de suas energias.

**- VÍCIO EM TELAS.** Com a facilidade de acesso de novas tecnologias como smartphones, internet e redes sociais a humanidade criou um novo vício, o vício em telas. Obviamente que não há problema em desfrutar dessas tecnologias de maneira saudável e sem tempo excessivo, mas quando nossos jovens passam mais tempo na frente de telas que com interação social, atividades físicas e diversão, a humanidade tem um grande problema. Ou melhor, terá um grande problema em seu futuro.

O uso de celulares ou câmeras não é proibido em acampamentos, porém, seu uso se torna mais restrito e monitorado com a intensão de estimular atividades cooperativas e outdoor.

Não será do dia para a noite que alguém com vício em tela se libertará, mas atividades recreativas e prazerosas ao ar livre podem contribuir muito para a "desintoxicação" de tela.

## 5. ONDE ACAMPAR?

Para o bom andamento da sua aventura a área de realização deve ser previamente conhecida. O local deve suprir as necessidades propostas durante seu acampamento. Como; local para as barracas, sanitários, estacionamento, mesas, área adequada para fogueira, espaço para desenvolvimento de atividades, segurança e atrações naturais.

Todas as opções a seguir precisam ser analisadas antecipadamente. Nunca leve crianças em campo sem antes pesquisar sobre o local. Nem sempre é possível "inspecionar" o local fisicamente, porém, é possível verificar nas redes sociais sobre o local, fazer suas perguntas no perfil oficial e quando possível, conversar com pessoas que já visitaram. Tudo isso visando garantir a segurança de sua família e proporcionar uma grande aventura para os jovens aventureiros.

## ÁREAS DE CAMPING

Uma boa opção são as áreas de camping encontradas em sítios, fazendas e parques ligados ao ecoturismo. Encontradas pelo país todo e com várias belezas naturais em seu território. É fácil encontrar por locais assim com a ajuda das redes sociais. Provavelmente há várias opções próximo a você.

Essas áreas geralmente fornecem banheiros, vestuários, áreas para fogueira, área para montagem das barracas, área para o desenvolvimento das atividades recreativas, trilhas e algumas delas possuem interação com animais através de uma "fazendinha" e "cavalgada".

Atividade com animais.

29

Não pense que áreas de camping irão diminuir a diversão, pelo contrário, a estrutura ofertada facilita sua estádia e consequentemente terá mais tempo para as atividades.

Quando se trata de um acampamento com crianças e adultos com pouca experiência e desejo em desfrutar de belezas naturais, as áreas de camping são a melhor opção.

## CHÁCARAS E SÍTIOS

Campistas que possuem acesso fácil a alguma área rural como fazendas e sítios, também são opção viáveis. Mesmo essa área não seja voltada para esse fim, e sim para agricultura ou agropecuária.

Para comportar um acampamento com crianças é preciso verificar vários fatores importantes. Pois uma fazenda não irá oferecer a mesma estrutura de uma área de camping. Claro que ainda proporcionará contato o com a natureza e uma enorme possibilidade de atividades que as crianças irão adorar.

Diferente da área de camping, onde é possível verificar através das redes sociais, nessa opção de local é importante que os responsáveis pela atividade conheçam pessoalmente o local. Verificando as áreas que podem ser utilizadas sem atrapalhar as atividades dos trabalhadores do campo. Ainda no local faça anotações de possíveis atividades e brincadeiras que podem ser realizadas, dessa maneira você poderá organizar uma lista com suas ideias para enriquecer seu acampamento.

Verifique o lugar plano mais indicado para montar as barracas, preferencialmente um gramado que esteja próximo aos sanitários e fonte de água potável. Faça uma sinalização no perímetro da área onde as barracas forem montadas. Pode ser feita com "bandeirinhas", fita colorida, zebrada ou mesmo uma corda. Não se esqueça de deixar uma "passagem", indicando o local de entrada e saída desse perímetro.

Antes de montar as barracas verifique se há existência de tocas e formigueiros, quando houver, decida se é melhor lidar com eles e elimina-los ou encontrar outro lugar para montar as barracas. Observe as árvores ao redor e verifique se não estão doentes, comprometidas ou que seus galhos estejam prestes a cair.

Verifique as condições dos sanitários e traga todo o material necessário para higiene suficiente para o número de participantes. Caso seja necessário fazer algum reparo em alguma estrutura, faça antes da data do acampamento.

Alguns campistas experientes e praticantes de bushcraft podem encarar a presença de sanitários como um luxo, mas precisamos lembrar que nosso foco aqui é o desenvolvimento infantil através de atividades ligadas ao acampamento, sendo assim, precisamos unir quebra de rotina com suprimento de necessidades básicas. Trazer crianças pouco experientes para campo e não fornecer uma estrutura básica pode causar uma impressão negativa. Mesmo que seja importante apresentar opções mais "primitivas" com objetivo histórico e ambiental, essa prática deve ser voltada para o sobrevivencialismo. Podendo ser praticada com crianças desde que seja esse o objetivo.

Nesse caso, o responsável deve explicar sobre a importância de cavar um buraco de aproximadamente 60 centímetros de profundida, 40 de diâmetro, longe de rios, lagos e nascentes, para depositar os dejetos e enterrar quando não for mais necessário.

Toda propriedade rural privada possui uma parte da sua extensão destinada a área de preservação, sendo assim, nem sempre essa vegetação possui trilhas de fácil acesso e estruturada. Caso os responsáveis não tenham conhecimento e confiança nessa trilha, risque essa atividade do cronograma e substitua por outra que seja mais adequada ao local e número de participantes. Nunca entre em uma mata desconhecida com crianças, não vale o risco.

Mesmo que a trilha pela mata tenha sido descartada, haverá outras áreas da propriedade que seja possível caminhar e fazer uma trilha "mais light", seja pela estrada de terra, caminhar próximo as plantações e lagos. Busque sempre as opções mais seguras. Quando há lagos no sítio, verifique com o dono da propriedade a possibilidade de praticar pesca esportiva e passeio de bote (quando houver equipamento de segurança e experiência por parte dos responsáveis).

O ambiente rural é magnífico! Saiba como desfrutar da natureza e proporcionar momentos marcantes e positivos na vida dos pequenos aventureiros.

## QUINTAL DE CASA

Por que não? Quando a família não possui confiança em levar crianças para o campo, acampe no quintal de casa.

Crie um cronograma de atividades aproveitando ao máximo o espaço disponível. Prepare mochilas e equipamentos como se fossem acampar em um lugar mais distante. A simulação já fará parte da imersão. Escolha o local onde será montada a barraca e com a ajuda das crianças limpe o local, retire pedrinhas e galhos. Depois comece a montar a barraca. Para aumentar ainda mais a imersão em seu camping de quintal é importante restringir o acesso a casa, liberando apenas banheiro e cozinha, de maneira alguma pense que acampar no quintal será uma tarefa fácil, pois suas atividades terão que ser divertidas e estimulantes para que não aja o desejo de entrar em casa e usufruir de todo brinquedo e tecnologia oferecida lá dentro.

Quintal, fogueira, marshmallow, barraca e camping.

Prepare refeições que normalmente seriam servidas em acampamento, proponha jogos e conte histórias ao anoitecer. Se possível, faça uma pequena fogueira e asse marshmallow. Esse último é sem dúvida a característica mais forte de um acampamento com crianças.

Talvez você deva estar preocupado ao chegar até aqui e perceber o quão trabalhoso será organizar um acampamento envolvendo crianças. Fazendo um breve paralelo, essa é a vida de qualquer professor. Traçar o perfil da turma e também o perfil individual, definir quais objetivos ou conteúdos serão abordados e desenvolver estratégias para que todos se apropriem do conhecimento e tenham práticas para compreendê-lo.

Caso você não esteja se perguntando o motivo de fazer tudo isso, PARABÉNS! Você já compreendeu a importância de proporcionar essas experiências para o desenvolvimento infantil.

Não encare toda essa dedicação como "muito trabalho para pouco resultado". Pois é justamente o contrário. Embora para alguns pareça um trabalho digno de "Hércules", esse trabalho se faz importante para tornar nossas crianças em adultos mais seguros, respeitosos, independentes e acima de tudo, humanos melhores.

Por esses motivos, todo trabalho de preparação e organização deve ser encarado com um investimento presente e futuro, assim como um ato de amor aos nossos filhos. Presente por proporcionar momentos memoráveis em família, futuro por trabalhar todos os benefícios já mencionados nesse livro.

## 6.  O QUE LEVAR?

Seu acampamento com crianças provavelmente terá o propósito educativo e recreativo. Sendo assim, além do equipamento necessário para seu camping, você deverá levar os materiais necessários para suas atividades recreativas.

Para organizar esses equipamentos vamos dividi-los em duas categorias; essenciais e recreativos.

Equipamentos essenciais são aqueles que suprem as necessidades dos campistas. Enquanto os equipamentos recreativos são aqueles utilizados nas atividades.

## EQUIPAMENTOS ESSENCIAIS

## ROUPAS E CALÇADOS

As roupas e calçados precisam atender as necessidades do terreno e clima. Um local ou época fria exigirá roupas que mantenham o corpo aquecido e seco. Já locais quentes exigem roupas frescas e leves. As roupas também servem como proteção do contato direto com galhos, folhas e insetos. Livrando de inconvenientes coceiras, arranhões e picadas. Não esqueça o repelente de insetos e durante caminhadas pela mata ou próximo a locais com água, use roupas compridas e calçado com cano médio ou alto.

Calçados com solado grosso e resistente são ótimos para proteger seus pés contra pedras e espinhos. Caso vá utilizar um tênis comum, verifique as condições dele, principalmente a sola. Coturnos e botas de cano alto reforçam o tornozelo, dificulta torções e reforçam a proteção das canelas. Por isso, escolha bem seus calçados.

Quando seu acampamento oferece atividades aquáticas avise seus campistas com antecedência para prepararem roupas próprias para essa recreação. Muito atenção no local escolhido, crianças e água é sempre um risco. Esteja sempre atento e com uma boa equipe de monitores.

Não há uma regra para a quantidade de roupas, ou "muda" de roupas que alguém deva levar para um acampamento. Porém, pensando em crianças devemos nos preparar com: uma roupa para as atividades do dia, uma roupa para dormir, uma roupa para atividades com água (quando houver), e uma roupa para segundo dia. Adicione uma muda de roupa para cada dia. Lembre-se que roupas íntimas e meias devem ser trocadas diariamente por questões de higiene e saúde.

## MOCHILAS

Mochilas são tão versáteis que podemos encontrar inúmeros estilos em diferentes funções e objetivos. Aventureiros mais experientes investem em mochilas adequadas para a sua prática. Porém, para acampar com crianças o que importa é que a mochila comporte todos os materiais que irá levar. Geralmente são usadas mochilas escolares, visto que na grande maioria das vezes as crianças não precisam caminhar longas distâncias com a mochila até o local do camping.

No entanto, quando a área do camping exige uma boa caminhada alguns detalhes são importantes e devem ser apontados.

Mochila preparada.

Primeiro ponto importante é o peso da carga. Ela não deve ser maior que 10% do peso do campista, seja criança ou adulto. As alças das mochilas devem ser acolchoadas para não pressionar demais os ombros. A maioria das mochilas para atividades outdoor possuem um cinto para prender e aliviar a tensão nas costas. Assim você terá melhor equilíbrio e com o peso distribuído poderá caminhar melhor. Carregar uma mochila muito pesada ou alça fina pode ser perigoso para a saúde. Caso a mochila de alguém esteja pesada demais, realoque alguns itens nas mochilas dos demais campistas.

No caso das crianças geralmente a mochila preparada com todos seus itens excede o limite de carga. Por esse motivo o local do camping deve ser próximo ao acesso de veículos, ou que as mochilas sejam levadas por algum dos veículos até o local de montagem das barracas.

## ÁGUA POTÁVEL

Água é essencial! Nem toda água está em condições para o consumo humano, isso pode parecer óbvio para nós adultos, mas as crianças podem não saber disso. Pensando na saúde de todos os envolvidos, logo no início do acampamento defina e apresente quais fontes de água podem ser utilizadas e quais não podem. Cole avisos próximos as torneiras orientando qual podem ser usadas para consumo e quais não podem.

Cada campista deve possuir sua própria garrafa para transportar sua água. Pode ser um cantil, uma garrafa "de marca", garrafinha pet, não importa o estilo, desde que cumpra a função de carregar água e auxilie no transporte de água e hidratação.

O líder do acampamento e monitores precisam lembrar as crianças de se hidratar entre as atividades. Pode parecer absurdo, mas crianças podem esquecer de beber água quando estão animadas e empolgadas. Certifique-se que todos tenham abastecido suas garrafas antes de atividades longas ou distantes da fonte de água. Mantê-las hidratadas é algo de extrema importância.

## BARRACAS E REDES

Barracas são os símbolos mais característicos do acampamento. Porém, atualmente quando pensamos em camping, não pensamos apenas em barracas, mas também em redes para camping. Por serem leves e muito mais compactas que as barracas, muitos aventureiros estão optando pelas redes. Entretanto, quando se acampa com crianças o uso das redes talvez não seja a melhor opção.

Nada impede que monitores ou líderes de acampamento utilizem uma rede para seu pernoite. Mas as crianças geralmente gostam de dormir juntos com os amigos, e isso só será possível em barracas. A vantagem da barraca é a possibilidade de deixar todo seu equipamento dentro dela.

Acampamento com rede e barraca.

Adicionar uma barraca em sua mochila significa adicionar peso, por tanto, tente não selecionar uma barraca muito pesada quando precisar percorrer longas distâncias a pé. No caso de precisar levar uma barraca maior e mais pesada para que todo o grupo se abrigue, realoque alguns de seus itens nas mochilas de seus companheiros para aliviar sua carga.

Crianças precisam de ajuda para montar suas barracas, monitores e lideres podem transformar essa atividade em uma tarefa de acampamento. Será importante para que os pequenos aventureiros conheçam os cuidados, partes do equipamento, função de cada item, montagem e como guardar mochilas e saco de dormir no interior das barracas. Assim como cuidado com limpeza e manter a porta da barraca sempre com o zíper fechado para evitar que insetos e outros pequenos animais entrem.

Em acampamento ainda existe a possibilidade de construir um abrigo primitivo como atividade recreativa. Geralmente utilizados por praticantes de bushcraft que buscam aperfeiçoar suas técnicas de sobrevivência, a construção de um abrigo pode ser uma atividade muito interessante. Pode ser trabalhado alguns tipos de nós para as amarrações da estrutura, informar sobre tipos de madeiras e galhos que podem ser utilizados entre outras informações interessantes.

## SACOS DE DORMIR E ISOLANTES TÉRMICOS

Tão icônico quanto uma barraca é dormir em um saco de dormir. Ele manterá o campista aquecido enquanto repousa e repõe suas energias para as aventuras do dia seguinte. Porém, em regiões mais frias recomenda-se o uso de isolantes térmicos para bloquear baixas temperaturas.

## FOGUEIRA

A fogueira com certeza é um ponto mágico de um acampamento. Compartilhar experiências do dia, expor histórias de vida e contos de terror.

Mantenha as crianças a uma distância segura da fogueira. Crie em perímetro com pedras ao redor da fogueira e demarque os locais que podem ser usados como acento. Use troncos ou bancos. Não se iluda com filmes ou séries, criar fogo e manter uma fogueira acesa não é tão fácil quanto parece. Para iniciar o fogo você poderá usar fósforos, isqueiros, acendedores ou pederneiras. Nunca esqueça de que "com fogo não se brinca", não deixe chamas altas ou permita que o fogo se espalhe. Uma fogueira mal preparada pode fugir do controle e colocar todos em risco. Por tanto nunca deixe uma fogueira sem um responsável supervisionando.

## LANTERNAS E LAMPIÕES

Lanternas são itens indispensáveis. A fogueira irá aquecer e preparar alguns alimentos, e mesmo que sua luminosidade possa ser vista à longas distâncias, o foco de luz não ilumina muito bem. Por isso, levar uma ou mais lanternas em campo (se possível com baterias reservas) é muito importante. Lampiões elétricos são uma opção interessante para um acampamento. O ideal é que cada campista tenha sua própria lanterna ou lampião.

## COMIDA

Para suprir essa necessidade você deve se fazer as seguintes perguntas:

Como adquirir o alimento? Como transportá-lo? Como prepará-lo?

Preparando o jantar com uma frigideira na fogueira.

A forma como pretende adquirir seu alimento também exigirá equipamentos. Caso seu acampamento seja em local próximo a lagos e rios, peixes poderão fazer parte do seu cardápio. Para isso será necessário levar um "kit pesca" com os equipamentos necessários para pescar. Nesse kit geralmente estão linhas para pesca, anzóis em tamanhos distintos, varas retráteis, molinete, etc. Lembre-se de levar itens sobressalentes, como linhas e anzóis. Alguns aventureiros utilizam a própria vegetação para adaptar uma vara improvisada. Verifique se a resistência da madeira aparenta ser suficiente para suportar a força e peso do peixe. Outros campistas preferem armadilhas para captura de peixes de pequenos animais. É de extrema importância estar ciente, e de acordo com as leis ambientais de caça e pesca da região.

Grande parte dos campistas costumam transportar seu próprio alimento. Por mais que você pesque ou cace (em países onde a caça e abate de algumas espécies é permitida), também será recomendado que o consumo de outros alimentos. Por esse motivo é comum campistas levarem alimentos enlatados para serem preparados no próprio acampamento. Para o transporte de alimentos soltos, ou seja, não enlatados, sugere-se o uso de sacos plásticos, e vasilhames. Alguns aventureiros arriscam assar pães na fogueira, ou construindo forno a lenha usando técnicas primitivas. Para isso eles utilizam pedras e argila para a construção do forno e levam os ingredientes para a massa de pão. Misturam os ingredientes e após a massa estar pronta, colocam para assar no forno ou fogueira. Itens sugeridos: vasilhames, faca, canivete, panelas, tampas, sacos plásticos, e alimentos enlatados.

Alimentos preparados em acampamento não perdem em nada para alimentos preparados em outros lugares, desde que leve consigo todos os temperos e ingredientes necessários. Para aqueles que acreditam ser difícil preparar alimentos na fogueira, existem inúmeros modelos de fogareiros leves e portáteis facilmente adicionáveis em sua mochila. Assim como "kit" com panelas, canecas, e utensílios leves e resistentes, de fácil transporte, próprios para camping.

## RÁDIOS COMUNICADORES E CELULARES

Comunicação fácil e rápida com seus campistas é importante, principalmente em situações críticas. Por esse motivo, o uso de rádios comunicadores e celulares entra na lista de itens com grau de importância. Caso escolha levar o celular sem bateria reserva (carregada) ou carregador solar, sugere-se economizar o máximo possível para evitar o descarregamento do aparelho e torná-lo inútil em um momento de necessidade. Por tanto, se for registrar sua aventura com o celular, leve ao menos uma bateria reserva, powerbank ou carregador solar para manter o celular ativo e se comunicar em caso de emergência.

Rádios comunicadores possuem uma distância limite diferente de acordo com a marca e modelo, teste e verifique o funcionamento dos rádios, carga da bateria e a frequência de comunicação antes de sua aventura. Quando o acampamento for realizado em propriedade particular, deixe um dos rádios comunicadores na sede e leve o outro consigo. Verifique o alcance dos rádios em relação à sede e o local do acampamento. Caso a distância seja superior ao alcance dos rádios, busque um local dentro da área de alcance para montar seu acampamento. Os operadores dos rádios precisam conhecer o equipamento para que a comunicação seja feita corretamente.

## CORDA

Item extremamente versátil, usado para amarrar itens, suspende-los, auxiliar descidas e subidas em locais íngremes, travessias de rios, entre inúmeras outras possibilidades de uso. Não existe uma "metragem" sugerida de corda, por tanto, tenha uma noção aproximada do que será necessário e prepare-a em seu equipamento. Paracordes também são itens interessantes por sua resistência, volume e peso. Você pode facilmente colocar 30 metros de paracorde adicionando apenas algumas gramas em sua mochila. Para cada atividade ou necessidade existe um tipo específico de corda, verifique se a corda que você possui atende as necessidades da sua atividade. Utilizar uma corda velha, ressecada ou gasta pode colocar em perigo seus campistas.

Para atividades como escalada, tirolesa, ou rapel, onde cordas estão diretamente ligadas a segurança do aventureiro, utilize cordas em ótimo estado e com uma margem de resistência alta, além de todo o equipamento de segurança sugerido para essa atividade. Como capacetes, cadeirinha de alpinismo, mosquetão, etc.

## LÂMINAS

Facões, facas, canivetes e machados, cada lâmina mencionada possui um tipo de corte e função distinta. O facão lhe proporcionará cortes fortes, grandes e brutos. Para abrir a vegetação, e coletar galhos ou troncos. O machado ou machadinha permite cortes fortes em áreas especificas. Muito comum para construir mesas, abrigos improvisados e cabanas rústicas. Os cortes possuem força e precisão para criar encaixes e marcas de amarração. Facas e canivetes possuem cortes mais finos e leves. Comumente utilizados para cortes em áreas macias como frutas, carnes, legumes, madeira verde, etc. Não existe uma regra sobre qual lâmina levar. Na maioria das vezes leva-se no mínimo uma lâmina de corte bruto como facão ou machadinha e uma lâmina de corte fino. Crianças apenas poderão manusear lâminas quando estiver em uma atividade supervisionada.

## BÚSSOLA

Assim como todos os outros itens, existem vários modelos e estilos de bússolas. Escolha uma que lhe agrade, estude sobre ela e também sobre a geografia do local que irá se aventurar. Você encontrará guias e tutoriais que lhe ensinarão como utilizar melhor uma bússola. É inútil possuir uma bússola e não saber se localizar ou não ter noção de qual direção seguir. Caso não queira adquirir uma bússola, sugere-se que possua ao menos uma como aplicativo de celular para situações imprevistas. Há uma grande possibilidade de que você e seu grupo entre e saia de campo sem precisar de uma bússola. Porém, alguns itens se fazem necessários apenas em situações de crise. Pensando assim, é melhor levar algum item e não precisar, que precisar e não o ter.

Ensinar a crianças como se utiliza a bússola pode ser uma atividade muito interessante. Assim como ensinar maneiras de se orientar com o sol e pontos cardeais.

## EQUIPAMENTOS RECREATIVOS

As atividades recreativas devem ser planejadas antecipadamente, por isso, analise quais atividades serão desenvolvidas com as crianças dentro das possibilidades que o local oferece.

Para facilitar o transporte dos equipamentos evite brincadeiras que necessitem de muito material ou materiais grande e pesados. Todo material que seja levado para as brincadeiras e que não sejam essenciais para o acampamento é considerado um equipamento recreativo.

Todos os materiais necessários para as brincadeiras devem ser inspecionados antes do acampamento. Imagine cegar no momento da atividade e descobrir que o item não está adequado para uso. Como por exemplo; uma bola furada ou item em quantidade insuficiente para o número de participantes.

Muitas brincadeiras podem ser realizadas com poucos materiais ou até mesmo com nenhum. Faça um cronograma com horários de tarefas, atividades, brincadeiras, alimentação e horário de dormir. O cronograma irá te ajudar a controlar o tempo das suas atividades e manter o acampamento dinâmico.

É difícil criar uma lista de equipamentos recreativos sem ter em mente quais atividades serão selecionadas para seu camping. Por isso, serão mencionadas brincadeiras que podem ser usadas com os itens sugeridos.

### EQUIPAMENTO DE PESCA

Quando o local permite que pratique a pesca é possível levar algumas varinhas de bambu (algumas vezes o próprio local fornece esse equipamento) para que as crianças possam experimentar uma boa pescaria. Aproveite o momento para ensinar algumas coisas sobre pesca, desde a segurança com a margem dos lagos e rios, até o cuidado com o anzol e quando arremessá-lo. Pode ser que nem todos gostem dessa atividade, sendo assim, coloque essas crianças para ajudar em algo, mas não deixem que se afastem.

### BRINQUEDOS ANTIGOS

Aproveitando espaços abertos e sem postes de fiação elétrica, empinar pipa seria uma ideia interessante. Pipas não são tão pesadas e são muito divertidas. Elas podem ser levadas prontas ou levar apenas o material e construí-la como atividade numa oficina de confecção de pipas para que as crianças aprendam a construir para depois brincar com algo que ela mesmo construiu. Essa atividade é importante não só no acampamento. Brincar com aquilo que você mesmo construiu auxilia, mesmo que muito sútil, a diminuir o consumismo. Mostrando para as crianças que é possível se divertir com "pouco". Sem precisar do brinquedo mais caro que tenha no mercado.

Outra opção interessante é o Pião. A geração atual está acostumada com beyblades, vindos de animes, mas poucas conhecem os piões de madeira. Certa vez, na escola em que atuo como professor de artes, trabalhei brinquedos folclóricos com as crianças e levei um pião antigo. Um aluno se aproximou com seu brinquedo em mãos (que estava na mochila para brincar no intervalo) e disse algo que nunca vou esquecer:

- Que legal, Professor! Sua beyblade é de madeira.

Percebendo a surpresa no menino eu respondi:

- Na verdade, seu pião que é de plástico!

A mudança entre uma geração e outra é normal, porém nada impede que algumas brincadeiras e brinquedos antigos sejam resgatados. Por mais que as beyblades tenham tamanhos, cores, e desenhos diferentes, seu sistema de "lançamento" é mais prático e fácil de ser realizado. Enquanto que para se lançar um pião exige-se prática, coordenação motora e treino para conseguir lança-lo corretamente.

## PISTAS E TESOURO

Quando o local possibilita uma "caçada ao tesouro" serão necessários vários itens para a dinâmica da brincadeira. Alguns papéis com dicas que levem as crianças para a direção da próxima pista e o "tesouro" no final. O receptáculo do tesouro pode ser um pequeno baú ou caixa contendo o tão esperado espólio. Como prêmio pela conquista cada participante deve receber um item, escolhido antecipadamente pelos responsáveis do acampamento e que seja igual para todos. Sejam guloseimas ou pequenos objetos decorativos.

## KIT DE PRIMEIROS SOCORROS

Ao final deste livro haverá um capítulo para abordarmos as primeiras intervenções e como iniciar os primeiros socorros, nesse momento iremos dar foco nos itens para seu kit de primeiros socorros. É possível montar seu próprio kit, de afim de atender diversas situações, ou adquirir um pronto. No caso de um kit de primeiros socorros para acampamento é necessário estar preparado para lidar com arranhões, cortes e fraturas.

Seu kit de primeiros socorros deve possuir: soro fisiológico, álcool, solução antisséptica, gazes esterilizadas, luvas descartáveis, embalagem de algodão, ataduras e rolo de esparadrapo, tesoura sem ponta, curativo band-aid, pomada para queimadura, remédio antitérmico (tenha fórmulas diferentes no caso de alguma criança ter reação a algum deles). Outros itens podem ser adicionados em seu kit de acordo com suas necessidades. Não se esqueça de manter seu kit atualizado, e com medicamentos dentro do prazo de validade.

Quando for sair em trilha, leve um kit consigo, mesmo que seja um kit reduzido e mais leve para não te atrapalhar durante o percurso.

## 7. QUEM LEVAR?

### FAMÍLIA

Como pais e responsáveis passamos tanto tempo atarefados que não nos sobra tempo para um lazer em família. A rotina as vezes nos impede de atividades simples, como jogar bola e andar de bicicleta, imagine então atividades mais complexas e elaboradas. Acampar em família é uma excelente oportunidade de fortalecer o vínculo e companheirismo, normalmente desgastado pela rotina e estilo de vida. Pode até parecer tolo, mas quantos pais conhecem os sonhos, anseios e qualidades dos seus filhos? Quantos pais possuem uma linha de comunicação direta e respeitosa com seus filhos?

Acampar com filhos e sobrinhos ainda na infância oportuniza momentos marcantes e divertidos, além de fortalecer laços de confiança e habilidades das crianças.

Quando nenhum membro da família possui conhecimento em acampamento pode-se conversar com pessoas mais experientes e procurar com locais de camping. Alguns pais podem até mesmo deixar que seus filhos acampem com pessoas conhecidas, e mesmo que sejam pessoas de confiança, é indicado que pelo menos um familiar responsável participe dessa aventura junto com a criança. Principalmente com crianças que necessitem de cuidados especiais.

Minha filha e eu na cachoeira.

Infelizmente, boa parte dos pais se preocupam em "ocupar o tempo" da criança e não em passar tempo de qualidade com ela. Lembrem-se que acampamento é local para diversão, aprendizagem, interação e autoconhecimento. Por isso, acampe com seus filhos! Aventurem-se!

## MONITORES

Nem todas as pessoas possuem perfil para cuidar, orientar e garantir a segurança das crianças. Tão importante quando qualquer outra orientação de segurança é a capacidade e sanidade dos monitores. O perfil ideal para um monitor é muito similar ao perfil de um professor. Um professor sente-se responsável pelo aprendizado das crianças, anseia que elas compreendam e adquiram os conhecimentos expostos. Professores buscam maneiras diferentes e divertidas para instigar e desenvolver as habilidades de seus alunos. Possuem paciência, compaixão, firmeza e serenidade.

Não solicite ou permita que pessoas fora desse padrão participem da sua atividade. Pessoas que não gostam, ou não possuem paciência para trabalhar com esse público podem causar transtornos aos campistas, "sabotando" as experiências positivas e produtivas do acampamento. Também por questões de segurança e para evitar desentendimentos, não permita que adultos fiquem sozinhos com crianças.

Quando seu acampamento possui crianças de ambos os sexos é indispensável que tenha ao menos uma líder de acampamento ou monitora para acompanhar garotas durante o acampamento.

## CRIANÇAS

Quando pais levam seus filhos para o camping, eles já possuem toda o conhecimento necessário da criança. Porém, quando a criança deixada aos cuidados de terceiros fica a necessidade de informar o máximo de características sobre a criança.

Sem dúvida alguma, elas são o foco do nosso acampamento. Todo o preparo, trabalho e esforço é para que elas tenham ótimas experiências. Por esse motivo será necessário que os responsáveis preencham corretamente a ficha de informações particularidades da criança. Não pense que essas informações serão verificadas como pelo "corte" de algumas crianças. Pois é justamente o contrário, conhecer o perfil e suas características é a maneira mais eficaz de fazer com que ela tenha melhor aproveitamento nas atividades e tarefas.

Alguns pais podem ocultar algumas informações na ficha do campista pensando em não expor seu filho. Isso é injusto tanto com a criança quanto com os responsáveis pelo acampamento. Essa atitude pode sabotar boa parte das experiências da criança, mesmo que o intuito seja protege-la.

É um erro acreditar que pessoas com algum tipo de deficiência ou transtorno seja incapaz de participar de uma aventura dessas. Assim como qualquer outra criança, ela poderá participar, desde que suas necessidades sejam supridas. Nosso objetivo é proporcionar uma ótima aventura à todos.

Todas as crianças podem acampar, mais do que isso. Todas as crianças devem acampar!

E para que essa experiência seja proveitosa e mais produtiva possível, os responsáveis pela aventura precisam conhecer suas necessidades e certificar que sejam supridas durante sua permanência no acampamento.

## 8. RESPONSABILIDADES DO LÍDER DO ACAMPAMENTO.

Acampar com crianças pode ser uma aventura incrível e fantástica se você souber como proporcionar momentos de aprendizado, companheirismo, respeito e diversão.

O líder de acampamento, ou os líderes de acampamento irão conduzir as tarefas e atividades da aventura. Quando seu acampamento possuir tanto meninos quanto meninas é muito importante que uma das figuras de liderança seja uma mulher. Ela será responsável por auxiliar e orientar as monitoras e campistas do sexo feminino.

Os monitores são o braço direito do líder, são responsáveis pela preparação execução das tarefas e atividades. O líder é responsável por todas as outras tarefas como, inspeção do local, preparação das atividades recreativas, preparação das tarefas, inspeção de materiais, traçar estratégias de aproveitamento a partir dos perfis das crianças, traçar estratégia de inclusão quando necessário e responsável pela segurança de todos (crianças e monitores).

Também cabe ao líder tomar decisões que alteram o cronograma de tarefas e atividades do acampamento. Quando houver mais de um líder, a decisão deve ser discutida entre todos para que cheguem a uma decisão.

Não pense que poderá relaxar ou cochilar enquanto crianças ficam "soltas" e sem ocupação. Acampar exige preparação, e acampar com crianças é uma tarefa árdua, porém, prazerosa, satisfatória e gratificante. Há grande possibilidade de que essas crianças nunca se esqueçam da aventura que você proporcionou a elas.

O líder precisa saber que nunca, nunca deve deixar uma criança sozinha, nem que seja por alguns segundos. As possibilidades de acidentes que podem vir a ocorrer são inúmeras sem a supervisão de um adulto. Entre os perigos mais prováveis de um cuidado negligente estão; ataques de animais, queda, afogamento e desaparecimento. Tudo isso pode ser evitado por duas coisas extremamente simples; orientação e supervisão.

Para que as crianças compreendam facilmente quem é o líder do acampamento, sugere-se que ele auxilie da recepção dos campistas e logo no início do camping, após a chegada de todos, apresente-se. Aproveite para mencionar todas as regras de segurança aos jovens campistas. As regras precisam ser estabelecidas em acordo com os monitores e líderes. Afim que garantir o bom convívio social e a diversão durante toda a aventura.

A regra de ouro de um acampamento para uma criança é: NUNCA FIQUE SOZINHA! Ou seja, sempre esteja próximo ao líder ou monitor. Caso precise acrescentar uma regra, fique à vontade, mas não crie regras demais. Crianças têm dificuldade em memorizar muitas regras. Provavelmente estarão tão ansiosas para iniciar as atividades que não manterão o foco em um discurso longo. Seja objetivo, empolgante e rápido.

Tenha paciência para orientar e instruir várias vezes. Jamais seja rude. Esteja sempre acessível e oriente novamente quando necessário. Algumas crianças (e adultos também) precisam ouvir a mesma instrução algumas vezes para compreender o que deve ser feito. Isso é algo normal para qualquer ser humano.

O líder e monitores devem estar acessíveis ao diálogo, assim as crianças terão confiança para fazer suas perguntas, que por sinal, são infinitas. Tenha certeza que você terá que responder a mesma pergunta várias vezes vindas de crianças diferentes. Dificilmente uma criança voltará a fazer uma pergunta a alguém que a tratou com desdenho ou rudez. Por isso seja sempre educado.

As características marcantes de um líder de acampamento são; paciência e criatividade. Planeja e prepara atividades com antecedência, e quando surge um imprevisto ele sempre tem uma "carta na manga", ou seja, uma nova atividade de última hora ou uma adaptação no cronograma para adequar o tempo das atividades. Sempre tenha atividades extras em prontidão para eventuais imprevistos.

# REGRAS BÁSICAS DO ACAMPAMENTO

- NUNCA FIQUE SEM A SUPERVISÃO DE UM ADULTO RESPONSÁVEL!

- NÃO SE APROXIME DE BEIRADAS DE LAGOS, RIOS OU BURACOS.

- PERGUNTE SEMPRE QUE TENHA UMA DÚVIDA.

- SEJA RESPEITOSO COM TODOS!

- DIVIRTA-SE COM SEGURANÇA!

Observação: acrescente regras quando julgar necessário, mas seja breve e objetivo. Muitas regras acabam caindo no esquecimento.

## 9. POR QUE O ACAMPAMENTO É UMA ATIVIDADE COMPOSTA? (TAREFAS E ATIVIDADE)

O acampamento pode ser considerado uma atividade composta devido à grande quantidade de tarefas e atividades que podem ser realizadas durante seu desenvolvimento.

Para ficar claro, definimos como tarefas as atividades necessárias para o andamento do acampamento como; limpar e retirar galhos do local de montagem das barracas, encontrar lenha, montar barracas, preparar alimentos e entre outras. Enquanto as atividades recreativas são voltadas para a socialização, recreação e desenvolvimento das crianças, mas não é uma atividade essencial para o desenvolvimento do acampamento.

Durante o decorrer do dia é importante que todas as crianças participem das tarefas. Sendo assim, de acordo com a idade de cada criança elas podem auxiliar ou até mesmo executar tarefas completas. Sempre sob a supervisão de algum monitor, familiar ou líder.

Valorize os jovens campistas que possuem alguma experiência para motivá-los ainda mais, e nunca menospreze (ou permita que alguém o faça) aqueles que não possuem tanta experiência ou que cometam alguns erros. Com crianças menos experientes seja paciente e explique calmamente as etapas da tarefa com exemplos.

Mantenha uma linha de comunicação direta e aberta com as crianças, pois caso estejam com receio de se comunicar, dificilmente irão informar um erro ou complicação na execução das tarefas. Seja compreensivo e tenha paciência para explicar novamente, quantas vezes for necessário.

As atividades do acampamento são definidas pelos líderes após visita e observação do local. Assim, sabendo o que o local oferece é possível definir um cronograma de atividades. Como: trilha, cavalgada ou contato com animais (quando for seguro), pesca, brincadeiras e jogos cooperativos.

Antes de qualquer atividade organize as crianças próximo a você e as oriente sobre o que será realizado. Exponha os cuidados e riscos de cada atividade. Quando expor "aquilo que não deve ser feito" explique os motivos.

## 10. POSSO LEVAR UMA CRIANÇA COM ALGUMA DEFICIÊNCIA FÍSICA OU INTELECTUAL?

Com certeza a resposta é SIM! Porém, existem questões que precisam ser elaboradas e solucionadas antes de levar a criança para campo. Enquanto alguns pais negligenciam ou neguem necessidades especiais de seus filhos, outros os superprotegem. Obviamente ambas estão tratando a criança de forma inadequada. Proteger demais pode deixa-la muito dependente, e em contrapartida negligenciar as necessidades pode não estimular a criança da forma correta podendo prejudicar seu desenvolvimento.

A primeira pergunta que os responsáveis devem se fazer quando a criança possui interesse em aventuras outdoor é: TENHO DIREITO DE PRIVAR A CRIANÇA DESSA EXPERIÊNCIA?

A maioria dos pais se empenham em evitar que seus filhos sofram de alguma forma que privam de várias experiências importantes para seu desenvolvimento. Claro que, como guardiões legais da criança, sua decisão é a palavra final. Porém, quando tomamos conhecimento de alguma história de superação percebemos o quanto o ser humano é capaz de superar seus próprios limites. Veja por exemplo os incríveis exemplos nas paraolimpíadas. Será que esses atletas foram incentivados a superar seus próprios limites? Ou será que os colocaram em uma superproteção?

Todos queremos proteger nossos filhos e queremos que sejam melhores que nós. Entretanto, para isso, precisamos incentivar da melhor maneira possível para que alcancem seus objetivos e superem seus limites.

Seja o maior incentivador dos seus filhos!

Ainda existem outras questões que precisamos lidar antes de colocar a criança em campo. Sua aventura será realizada em família ou serão acompanhadas por um grupo de monitores capacitados?

Alguns pais gostam de se aventurar com seus filhos e isso sem dúvida é muito louvável. Essa interação e participação "extradomiciliar" é muito importante para ambas as partes. Dessa forma a criança estará muito bem assistida, sendo acompanhada por pessoas que conhecem suas particularidades.

Em outro cenário de possibilidades, temos a família que opta por buscar uma equipe de pessoas e locais especializados em atividades outdoor e acampamento com crianças. Nesse caro há duas perguntas que devem ser feitas:

O local supri as necessidades da criança?

Os profissionais responsáveis são capacitados para atender as necessidades da criança?

Caso a resposta para alguma dessas perguntas seja NÃO, encontre onde estão as falhas e solucione antes da aventura. Procure estabelecer as necessidades da criança e veja com a equipe do local se poderão supri-las. Caso não seja possível, procure outro local para que seu filho possa se aventurar.

Nossa intenção é promover a inclusão, dessa forma a criança deverá ter condições de participar das mesmas atividades e tarefas que os demais campistas. Não pode ser tolerado privá-la de alguma atividade enquanto as outras participam. Por tanto, certifique-se que o local esteja adequado ou disponha de recursos para que as necessidades sejam supridas.

Certas pessoas podem ter dificuldade em compreender o motivo de alguém propor levar uma criança com alguma necessidade especial para atividades de campo. Perguntando-se porquê alguém levaria uma criança "assim" para o "meio do mato". Pois bem, quando há interesse partindo da própria criança a pergunta correta a se fazer seria o porquê não levá-la?

Como exemplo podemos mencionar uma criança com deficiência visual em uma trilha. Com toda certeza a trilha natural não estará adaptada para que ela possa se locomover sozinha. Não haverá piso tátil para que ela possa se orientar e mesmo que utilize uma bengala (ou bastão) de orientação estará sujeito a quedas e seguir na direção errada por falta de orientação adequada. Entretanto, um guia exclusivo para sua orientação será suficiente para que ele possa desfrutar dessa aventura.

Vivemos em uma "ditatura do olho", onde a grande parte das nossas informações são captadas pela visão e não damos tanta importância aos outros sentidos. Porém, visitar uma cachoeira não se aplica apenas há visão, mesmo que seja algo espetacular. O que de fato faz essa experiência tão distinta das demais são vários fatores. O local exótico e misterioso ao primeiro contato, a expectativa e ansiedade pela aventura, a caminhada pela trilha, os sons da água corrente, do vento cortando as arvores, o canto dos pássaros, o calor do sol tocando a pele e o frescor quando se passa pela sombra, a mudança de piso quando há uma passagem mais abrupta ou ponte, o som da água em queda se intensificando conforme se aproxima e a gama extensa de cheiros e odores. Todas essas sensações entre outras tantas mais são o que tornam cada aventura única e inesquecível. Geralmente nos concentramos apenas na visão, enquanto uma pessoa cega estará atenta aos detalhes captados pelos outros sentidos. Sendo assim, quem será que aproveitou mais essa experiência? Tudo é questão de perspectiva, e isso não seria uma forma diferente de percepção?

Pode ser que levar a criança para acampar "logo de primeira" seja uma mudança brusca demais. Nesse caso seria interessante que algum familiar acompanhe a criança durante as atividades e tarefas do acampamento, quando a criança se cansasse ou não estivesse mais interessada na atividade ambos poderiam retornar para sua casa e retomar as atividades no dia seguinte. O ato de pernoitar em uma barraca longe de casa pode ser assustador para algumas crianças (e até adultos). Jamais deve impor a permanência ou realização de uma atividade contra sua vontade. Porém, a criança não pode se sentir premiada por não realizar as propostas. Seria algo como incentivar um comportamento inadequado. Quando a criança quiser realizar uma atividade com os demais, deixe-a sentada observando, mas não a recompense.

Algumas crianças precisam de mais tempo para se sentir confiante e segura em ambientes estranhos ao seu convívio. Assim, quando precisar, vá inserindo gradualmente atividades e tarefas até que a criança sentasse segura para permanecer durante todo o acampamento.

Lembre-se sempre que o acampamento deve ser uma atividade prazerosa com experiências positivas.

## COMO LEVAR CRIANÇAS COM DEFICIÊNCIA FÍSICA PARA ACAMPAR?

Como mencionado anteriormente, a família deve se certificar que o local atende as necessidades, ou se é possível superar a falta de adaptação com esforço em conjunto pela família, responsáveis pela aventura e a própria criança.

Quando falamos sobre deficiência física estamos abordando um tema delicado. Não por ser um "tabu", mas por se tratar de jovens em desenvolvimento.

Não é incomum uma pessoa com algum tipo de deficiência ser tratada como "incapaz", e esse tratamento equivocado além de errado pode ser interpretado como uma ofensa. Ao trabalhar com pessoas com necessidades especiais trate-as como deve ser tratada, como um ser humano digno, assim como qualquer outro.

Quando trabalhar com crianças não faça distinção de tratamento. Seja igualmente firme, paciente e acessível. Ao distribuir tarefas nunca deixe uma criança sem atividade.

Decida qual atividade ela irá executar, ou pergunte a ela qual atividade ou tarefa poderá ajudar e deixe-a trabalhando. O líder também pode organizar um grupo para que as crianças possam se ajudar.

É importante que a criança se sinta à vontade, segura, útil e acima de qualquer outra coisa, feliz!

Quando a criança necessita de muitos cuidados e sua equipe não possui capacitação ou preparo para suprir essas necessidades, peça que um ou mais familiares acompanhem e participem do acampamento.

Para cada tipo de deficiência são necessários cuidados específicos, sendo assim, as próximas linhas serão destinadas a apontar alguns desses cuidados.

## CRIANÇAS COM DEFICIÊNCIA VISUAL

O deficiente visual é aquele indivíduo que possui perda total da visão, baixa visão ou visão monocular. Os cuidados mencionados certamente não serão novidade para deficientes visuais e para quem tem maior interação com eles. Entretanto, muitas pessoas não conhecem essas informações.

Ao se referir a uma pessoa cega, primeiro identifique-se e fale diretamente com ela usando tom normal de voz. Quando for se retirar a avise. Quando perceber que a pessoa talvez precise de ajuda, pergunte. E não se ofenda ou fique constrangido caso ela recuse sua ajuda. Pessoas com deficiência prezam por sua autonomia.

Em acampamentos é normal o uso de bancos e troncos para se sentar o que complica sua orientação e deslocamento. Acompanhe até o local e oriente colocando a mão da pessoa no banco ou tocando seu pé no tronco/banco no chão. Durante algumas atividades que envolvam deslocamento ofereça ajuda para conduzi-la, pois mesmo que estejam realizando uma atividade em campo aberto ainda há possibilidade de haver buracos encobertos por galhos e folhas, além da falta sinalização adequada. Quando estiverem em uma trilha, auxiliar na orientação não é uma sugestão, é segurança. Ofereça seu braço e ela colocará a mãe em seu cotovelo ou ombro. Avise sobre obstáculos no chão, degraus e na altura do corpo e cabeça como galhos e outros objetos.

Monitores e líderes de acampamento devem estar atentos o tempo todo. Quando a família por algum motivo não possa acompanhar a criança durante a aventura, um monitor deve ficar responsável exclusivamente para a criança.

Tenha extrema cautela com beiradas de buracos ou elevações, assim como margens de lagos e rios. Pessoas com deficiência visual podem estar acostumadas com ambientes urbanos, mas dificilmente com o ambiente rural. Por esse motivo não confunda atenção e segurança com superproteção. Deixe que a pessoa tenha suas próprias experiências, porém, fique próximo orientando e garantindo sua segurança.

## CRIANÇAS COM DEFICIÊNCIA AUDITIVA

Deficiência auditiva é aquele indivíduo que possua perda total ou parcial da audição. Algumas pessoas surdas falam normalmente e para se comunicar fazem a leitura labial. Por isso quando se comunica com um campista surdo posicione de frente para ele de modo que possa ver seus lábios. Não desvie o olhar quando estiver falando, ou ele pode achar que a conversa acabou. Ainda há a possibilidade de comunicação por libras, a língua brasileira de sinais. Se você conhecer libras, comunique-se através dela. Caso ninguém do grupo de monitores saiba libras, peça que algum membro da família permaneça no acampamento para auxiliar como interprete.

No momento das explicações de atividades e tarefas fique de frente para o campista. De maneira que ele possa fazer a leitura labial. Não o trate com indiferença, fique atento, mas não o superproteja. Deixe-o aproveitar a aventura! Tenha placas de sinalização e de avisos no local.

## CRIANÇA COM DEFICIÊNCIA FÍSICA

Pessoa com deficiência física possui alguma condição que limite parte de sua movimentação, seja dos membros superiores, inferiores ou ambos. Para se locomover ela pode usar muletas, bengala ou cadeira de rodas. No ambiente urbano elas contam com espaços adaptados para seu deslocamento, adaptação que pode ser falha ou limitada a maioria das áreas de camping e inexistente em áreas rurais. Pensando na inclusão social algumas áreas de camping e sítios de ecoturismo possuem acessibilidade, permitindo que a pessoa portadora de necessidades especiais possa desfrutar das mesmas belezas naturais que os demais aventureiros.

Para garantir que sua aventura não seja frustrada já no início, informe-se quanto as condições de acessibilidade das áreas e trilhas do local. Nossa intenção é proporcionar momentos de alegria e boas experiências. Para isso planejamento e conhecimento sobre o local é essencial.

Alguns parques possuem trilhas extensas que dificulta a adequação de passarelas e caminhos, porém, para suprir essa falta de adequação eles possuem cadeiras de rodas adaptadas para transcorrer esse percurso, as chamadas *Julietti*. Essas cadeiras possuem apenas uma roda e precisam que outros aventureiros, geralmente amigos e familiares, a operem.

Criada pelo casal de montanhistas Guilherme Simões e Juliana Tozzi, essa cadeira tem como objetivo trabalhar a inclusão e manter o casal unido em suas aventuras. A história do casal é um exemplo de companheirismo, respeito e muito amor.

## CRIANÇAS COM DEFICIÊNCIA INTELECTUAL

A deficiência intelectual é caracterizada a partir de limitações mentais do indivíduo. Trabalhar com essas crianças não é muito diferente de trabalhar com qualquer outra criança, assim como todas elas os responsáveis deverão estar atentos o tempo todo, vão auxiliar quando necessário e interferir apenas quando autorizado pela própria criança.

Talvez seja necessário explicar tarefas mais de uma fez ou auxiliar quando possua limitações em coordenação motora. Por esse motivo algumas tarefas podem demorar mais que o habitual para serem realizadas, seja paciente e atencioso. Crianças com deficiência intelectual grave ou profunda deve estar acompanhada por algum familiar ou mediador durante toda a aventura.

É possível que o período do acampamento seja extenso demais para a criança e seus familiares. Por esse motivo defina o tempo de permanência diretamente com os responsáveis e flexibilize atividades. Quando necessário permita que a família participe das atividades e retorne no dia seguinte para continuar as atividades propostas. Converse bastante com a família antes do acampamento para que juntos possam encontrar meios eficazes de trabalhar com a criança. O planejamento será essencial para o sucesso.

## 11. POSSO LEVAR UMA CRIANÇA COM ALGUM TRANSTORNO?

A resposta é SIM! E assim como para qualquer outra criança a vivencia de um acampamento pode ser estimulando e importante para o desenvolvimento infantil.

Para que essa criança tenha um bom aproveitamento nessa aventura é de extrema importância que pais ou responsáveis conheçam a maneira correta de conduzir o jovem em sua aventura. Lembrem-se que a escolha de realizar um acampamento já tira todos os envolvidos de sua rotina. Devido ao grande contato com tecnologias e internet algumas crianças podem não demonstrar tanta empolgação em um ambiente natural, principalmente por significar certo desprendimento dessa tecnologia. Nesse caso seja paciente e ao invés de impor a atividade, sugira. Aponte motivos que sejam do interesse da criança para conseguir convence-la. Mostre imagens do local ou comente sobre atividades que podem ser realizadas em contato com a natureza.

Quando mencionamos "criança com transtorno" parece uma coisa só, mas não é. Existem vários transtornos mentais diferentes e isso pode causar muita confusão e preconceito. Não há vergonha alguma em ser quem você é, com todas suas particularidades, afinal todos somos únicos.

Nesse livro não iremos abordar todos os transtornos existentes. Iremos abordar os mais comuns entre as crianças, desde o transtorno de défit de atenção (TDA), transtorno de défit de atenção e hiperatividade (TDAH), transtorno de aspecto autista (TEA) e transtorno opositor desafiador (TOD). Cada um possui seus níveis de intensidade e tratamento adequado. As atividades mencionadas nesse livro servem para auxiliar no desenvolvimento das crianças, porém nada nesse livro substitui o acompanhamento médico adequado. O tratamento com profissionais especializados é indispensável, assim como o conhecimento dos pais e responsáveis em como lidar e trabalhar com a criança. A seguir serão apresentadas dicas e curiosidades sobre crianças e suas particularidades.

## TRANSTORNO DE DÉFIT DE ATENÇÃO E HIPERATIVIDADE (TDA e TDAH)

Essas crianças são facilmente "fisgadas" por qualquer coisa que chame sua atenção. Esse é um dos maiores problemas, possuem grande dificuldade em manter o foco. Também possuem dificuldade de memorização.

Certamente nem toda criança que se distrai com facilidade ou esquece as coisas com frequência possui TDA ou TDAH. Que isso fique claro. Porém, quando essa condição prejudica muita a criança em suas atividades e na vida escolar, é um sinal para procurar a opinião de especialistas.

TDA e TDAH não são a mesma coisa, o primeiro é transtorno de défit de atenção, e o segundo possui também a hiperatividade. Crianças hiperativas são geralmente impulsivas, ansiosas e agitadas.

Os dois tipos possuem dificuldade ao realizar atividades sequenciais que possuam muitas etapas, esquecendo das etapas e se confundindo. Nada que com um pouco de tempo, estímulo, curiosidade e persistência elas não consigam concluir. Essas crianças também sofrem com excesso de estímulos de um ambiente, dificuldade seu foco.

Será que crianças com TDA e TDAH irão dar trabalho no acampamento?

Caso fiquem soltas, sem atividades e sem orientação, SIM! Seu espírito curioso e inquieto pode a colocar em risco. Entretanto, quando as crianças estiverem supervisionadas e participando de tarefas e atividades, não haverá problema.

Com organização seu acampamento será um local acolhedor que despertará muita curiosidade, por tanto, prepare-se para responder perguntas o dia todo.

Crianças com esse transtorno provavelmente ficarão fascinadas com tantas coisas novas e diferentes nesse novo ambiente. Cada árvore, pedra, placa, caminho, som e tudo mais o que for fora da sua rotina será uma novidade pronta para ser explorada.

Devido essa inquietude, logo na chegada deixe bem claro as regras do acampamento, principalmente as que envolvam segurança. Quando precisar explicar sobre as atividades, explique de forma objetiva e breve. Não há necessidade de comentar sobre atividades que demorarão para serem realizadas. Isso pode aumentar a ansiedade e atrapalhar as atividades anteriores. Foque no momento presente e na ordem das tarefas.

O que fazer quando a criança não quer realizar a atividade? A princípio, seja paciente. Talvez a criança tente dominar a situação com exigências, desejos ou simplesmente por não querer realizar a atividade programada. O responsável (familiar, líder de acampamento ou monitor) deve apresentar pulso firme e deixar claro que cada tarefa ou atividade deve ser realizada para que o acampamento decorra perfeitamente e assim as próximas atividades sejam realizadas. Quando for necessário, oriente o jovem que ele apenas participará das atividades seguintes quando as anteriores estiverem concluídas. Sempre com conduta firme e paciente. Provavelmente essa criança está cansada de ouvir em casa a seguinte frase "só vai brincar quando terminar seus afazeres". É importante perceber se esse comportamento se deve ao fato de não ter compreendido a atividade ou tarefa, nesse caso, explique e ajude na execução até sua conclusão.

Algumas vezes ficamos com "pena" e sedemos por "dó" sem saber que estamos reforçando um comportamento negativo. Ou seja, recompensando um comportamento ruim. Ao perceber que você, como figura de autoridade não será facilmente manipulada certos comportamentos tendem a diminuir até desistir.

Com atividades e tarefas bem elaboradas e dinâmicas seu acampamento será um sucesso!

Crianças com TDA e TDAH provavelmente vão adorar e se divertir com todas as novidades e aventuras que um acampamento pode oferecer.

## TRANSTORNO OPOSITOR DESAFIADOR (TOD)

Uma criança com TOD tem grande resistência ao se deparar com figuras de autoridade e regras. Podem tentar conseguir suas coisas com chantagens, ficar chateadas e até mesmo demonstrar comportamento violento quando contrariadas. Dito isso talvez você deva estar se perguntando porque deva levar uma criança assim para acampar. A resposta é simples. Essa criança precisa de toda ajuda possível para aprender a lidar a frustação e seu próprio comportamento.

O fato é que ela precisa de acompanhamento adequado com profissionais especializados e toda atividade que reforce esse trabalho será bem-vindo. Negligenciar esse comportamento taxando como algo "passageiro" ou "coisa da idade" pode acarretar complicações no futuro desses jovens. Possuindo mais chances de desenvolver depressão ou cair em certos vícios futuramente.

Trabalhar com uma criança com TOD provavelmente não será uma tarefa fácil. Principalmente no início da convivência quando a criança está "testando" a figura de autoridade. Toda situação deve ser conduzida com cautela, pois ceder as vontades da criança pode reforçar um comportamento negativo. Quando a criança conquista sua o que deseja com "birras", "aos gritos", colocando-se em risco ou com comportamento agressivo, reforçamos que esse comportamento negativo é útil para que ela conquiste seus objetivos. Por tanto, nunca recompense uma criança (com TOD ou não) quando ela apresenta comportamento inadequado.

Nessa situação converse em tom normal com a criança, não se altere. "Combater" grito com grito não terá efeito. Tente entender o motivo daquele comportamento e explique os motivos de não ser possível fazem o que ela deseja naquele momento. Se ela não estiver acessível ao diálogo, aguarde e a ignore (sempre atenta a ela) até que se acalme e seja possível o contato verbal.

Seja justo, existe a possibilidade de que a criança infrinja uma regra por não conhecer ou não ter ficado muito bem definida. Quando isso ocorrer, aponte os riscos corridos e se desculpe por não ter sido específico sobre a determinada regra. Desculpar-se não é sinal de fraqueza ou submissão, é um sinal de respeito.

Algumas crianças possuem um comportamento difícil e séria oposição as regras e ordens. Nesses casos específicos se faz importante a presença de um familiar durante o acampamento. Para auxiliar a criança e monitores em suas atividades. Em casos extremos em que a criança coloca a própria segurança e as dos demais em risco propositalmente é necessária uma contramedida mais intensa, privando-o do resto do acampamento. Essa medida deve ser o último recurso, e não dever encarada como uma "expulsão por mal comportamento" e sim como uma medida de autopreservação. Afinal, essa criança poderá se colocar em risco novamente para conseguir aquilo que deseja.

Atitudes positivas e tarefas concluídas devem sempre ser elogiadas. Sempre! Mesmo que algo não fique tão correto ou que precise de alguns ajustes, elogie quando puder. E faça suas observações apontando melhorias, dicas e sugestões. Ninguém gosta de ficar próximo de quem só aponta nossos erros e defeitos, observe e encontre as qualidades das crianças e invista em elogiar seus pontos fortes. Enalteça qualidades e aponte sutilmente defeitos, sempre sugerindo melhorias. Faça a diferença positiva na vida de uma criança.

## TRANSTORNO DO ESPECTRO AUTISTA (TEA)

Vários dados apontam um crescimento significativo no número de crianças diagnosticadas com transtorno espectro autista e com isso surge a preocupação de estarmos preparados ou não para atender as necessidades dessas crianças.

Cada indivíduo possui características muito distintas dentro do TEA. Saber reconhecer certos hábitos e comportamentos é tão importante quanto saber lidar com eles.

Algumas crianças com TEA são privadas desse tipo de atividade por "darem muito trabalho", mas afinal, qual criança que não dá trabalho? Já dizia a música do grupo *Palavra Cantada;* "criança não trabalha, criança dá trabalho!". E de fato é, todo trabalho dedicado ao desenvolvimento das crianças é um investimento em seu futuro.

Antes de levar uma criança com TEA para acampar deve ter definido qual o objetivo da aventura. Quais habilidades pretende desenvolver e para isso, quais atividades e metodologias serão aplicadas. Como dito antes nesse livro, um acampamento deve ser planejado com antecedência.

Quando os pais resolvem propor esse tipo de atividade precisam iniciar etapas de preparação. Analisando tudo o que possa vir a ser um obstáculo para a criança. Crianças com TEA geralmente se habituam a uma rotina, algo bem diferente da proposta do camping. É possível também que a criança não se sinta segura e confortável repousando em um saco de dormir dentro de uma barraca. Talvez os sons naturais noturnos despertem desconforto ou medo. Algumas crianças possuem uma "seleção alimentar", se recusando a comer alimentos oferecidos na aventura. Todas essas questões devem ser trabalhadas gradualmente até que a criança esteja tolerando tais mudanças que um acampamento precisa.

A proposta de montar um acampamento no quintal (ou algum cômodo da própria casa) pode ser aceita como uma brincadeira e um desafio. Sendo introduzido o saco de dormir (ou colchonete) e a barraca. Talvez seja necessário mais de uma tentativa para obter sucesso. Caso seja possível, deixe uma caixa de som em volume baixo emitindo sons da natureza, facilmente encontrado na internet. Pode parecer bobo no início, mas precisamos ir aos poucos inserindo estímulos semelhantes aos que são encontrados no acampamento.

O mesmo deve ser feito com os alimentos, apresentando para o jovem aventureiro alguns alimentos que possam fazer parte do cardápio do seu acampamento. Não há uma lista sobre alimentos de camping, mas geralmente são alimentos fáceis de preparar. Sem dúvida o alimento mais icônico é o marshmallow aquecido na fogueira. Sendo oferecido como uma sobremesa após a refeição.

Aqueles que possuem filhos, parentes ou alunos autistas sabem que essas não são as únicas preocupações. E existem uma série de fatores que precisam ser observados e trabalhados antes da aventura.

Cada criança com TEA possui características distintas umas das outras, com comportamentos mais ou menos acentuados. Devido a essas particularidades é de extrema importância que algum familiar esteja acompanhando a criança. Pois mesmo que o monitor conheça sobre o espectro autista ele certamente não possuirá tanta afinidade com a criança para saber atende-la melhor que um familiar que já a conhece.

É importante estar ciente que a criança talvez tenha se cansado e não queira realizar as atividades propostas ou seguir o cronograma. Converse e oriente, mas não force a criança. Em certos momentos ela precisa de espaço para se organizar e qualquer estímulo indesejado poderá iniciar uma crise. É complicado descrever uma crise pois ela tende a variar de um indivíduo para outro.

Acampamentos com várias crianças geralmente possuem intenso cronograma de atividades, enquanto um acampamento "familiar" possui um cronograma mais tranquilo em busca do relaxamento e sossego. Cabe a família analisar qual variação do camping é mais indicado para o desenvolvimento da criança.

Conviver com outras pessoas é inevitável, porém o excesso de barulho durante as atividades desenvolvidas entre outras situações pode trazer o início de uma crise. Por tanto seja cauteloso e tente realizar as atividades respeitando os limites de interação e conforto.

Caso perceba que a criança não se sinta bem ou que tenha chegado ao limite da experiência não tenha receio em retornar para o conforto de seu lar. Avalie os ganhos e perdas da experiência. Converse sobre o acampamento e deixe que a criança se expresse. Questione sobre a possibilidade de voltar a acampar. Esse feedback será importante para decidir de a experiência foi válida e merece ser continuada. Apontar quais pontos devem ser revisados. Para que a próxima experiência seja mais enriquecedora e proveitosa.

## 12. COMO TRABALHAR SENSO DE RESPONSABILIDADE, INDEPENDÊNCIA E PROATIVIDADE?

A reposta para essa pergunta é óbvia! Proporcionando experiências onde seja possível desenvolvam essas características.

A grande questão é, qual atividade posso desenvolver para que as crianças amadureçam essas habilidades.

No acampamento, assim como em casa existem várias tarefas que precisam ser realizadas. Algumas dessas tarefas podem ser designadas para as crianças. Não como obrigação, mas como organização e responsabilidade. Coisas simples como designar um local adequado para depositar a roupa suja, organizar seus próprios calçados e brinquedos. Manter seus pertences organizados em seu quarto. Parece "simples demais", e de fato é. Assim começa. Com pequenos hábitos. Conforme a criança cresce é possível que as tarefas também sejam renovadas, aumentando sua dificuldade e responsabilidade.

Recompense a realização das tarefas com atividades em família. Mostrando que quando eles ajudam sobra um pouco de tempo entre as tarefas que permite aos pais participarem de brincadeiras e passeios. Assim elas irão associar positivamente suas tarefas realizadas a interação familiar.

É importante que pais e monitores saibam que não é sensato criticar uma falha ou tarefa não concluída quando a mesma não tenha sido bem instruída ou apresentados exemplos. Crianças possuem ritmos de aprendizagem diferentes e exemplos ajudam muito na compreensão.

Uma criança que cresce realizando tarefas simples e auxiliando a família, compreende mais fácil a rotina do ambiente em qual vive. Completamente diferente das crianças que crescem sem nenhum compromisso de organização ou noção de espaço próprio. Alguns pais confundem "trabalho infantil" com desenvolvimento infantil, cometendo vários equívocos quanto ao desenvolvimento da criança.

Na minha infância lembro de ouvir um monitor comentar com alguns pais, algo que ficou na minha mente para sempre. Ele disse:

*"Uma criança que abre a geladeira e reclama com a mãe que não tem água gelada, nunca caminhou dezenas de metros até o poço, içou o balde, filtrou a água para só assim beber".*

Esse simples e sábio exemplo retrata bem todos aqueles que estão tão acomodados a serem servidos, que não sabem valorizar o trabalho do outro. Quantos adolescentes demonstram esse comportamento? Agem como se seus pais fossem seus empregados. Será que possuem senso de responsabilidade, independência e proatividade. Provavelmente não.

No acampamento a criança que não montar sua barraca, dorme ao relento. Óbvio que isso não será levado ao "pé da letra". Porém, os campistas irão trabalhar em equipe para preparar seu próprio abrigo e organizar seus próprios pertences. É importante que elas se ajudem nas tarefas, trabalhando em equipe e desenvolvendo a socialização. Não permita que nenhuma criança fique sozinha ou sem atividade. Todas podem ajudar de alguma forma. Valorize o esforço de todos, isso irá reforçar positivamente o trabalho realizado.

Sempre motive durante a execução das tarefas e nas atitudes que envolvam cooperação, proatividade e humildade. Nunca menospreze os menos experientes ou aqueles que não conseguem realizar atividades sem auxílio.

As crianças vão percebendo que estão inseridas na rotina diária não apenas das atividades do acampamento, mas também nas atividades domésticas. Podendo ela mesmo contribuir para manter o ambiente organizado. Ao perceber que ela faz diferença sendo útil, eleva sua autoconfiança e estimula para que ela continue contribuindo da maneira que puder.

Por tanto, para que a criança desenvolva responsabilidade, independência e proatividade ela precisa ser estimulada com situações que a permitam desenvolver tais habilidades.

## 13. QUAIS ATIVIDADES PRATICAR?

Qual atividade devo praticar? Qual atividade é mais indicada?

Vamos começar apontando tarefas de acampamento nas quais é muito importante que a criança participe. E então serão apresentadas atividades físicas, recreativas e esportes que podem ajudar no desenvolvimento infantil.

## TAREFAS DE ACAMPAMENTO

## PREPARAÇÃO DOS EQUIPAMENTOS

As tarefas começam antes do acampamento ter início, organizando equipamentos e materiais em sua mochila. Selecionar roupas, calçados, boné, itens de higiene pessoal e etc. e verificando as condições.

Crie uma lista para auxiliar na preparação das mochilas. Permita que a criança contribua buscando itens da lista ou assinalando o checklist. Apenas participando dessa etapa ela irá compreender a importância de organizar todo item que será levado a campo. Desenvolvendo responsabilidade e senso de preparação.

Organize as mochilas de acordo com a capacidade de carga de cada um. A mochila não deve pesar mais que 10% do peso de seu portador. Isso faz com que as mochilas das crianças tenham um limite menor de carga. É possível que seja necessário montar uma mochila extra quando se acampa com crianças.

## LIMPAR A ÁREA DAS BARRACAS

Após descarregar todo o equipamento é o momento de planejam onde serão montadas as barracas. Converse com as crianças e questione-as sobre qual seria a melhor maneira de organizar as barracas e qual seria o local da fogueira. Deixem que exponham suas opiniões, analise o que foi dito e oriente sobre alguns detalhes importantes sobre a maneira mais indicada de montar e distribuir as barracas.

Instrua que o primeiro passo é livrar o chão de galhos, pedras e verificar se não há formigueiros ou pequenas tocas na área. Oriente quanto ao local onde serão depositados o material encontrado durante a limpeza.

Após a limpeza da área vem o segundo passo, definir o local da fogueira e barracas. É extremamente explicar que o material das barracas é sensível ao fogo e inflamável, sendo assim é preciso manter uma distância segura entre barracas e fogueiras. Algumas áreas de camping possuem locais definidos para a fogueira. Utilize o espaço definido de acordo com as regras do local.

Monte as barracas próximas umas das outras com as "portas" viradas para o centro em comum. Quando dor necessário montar três ou mais barracas utilize uma configuração em forma de "U". Assim todos têm facilidade na visualização do grupo.

## MONTANDO BARRACAS

Com locais definidos se inicia a montagem das barracas. Por mais que elas sejam fáceis de montar é preciso orientar os jovens aventureiros. Ideal que tenha ao menos um monitor orientando até duas barracas. Encarregue as crianças e adolescentes mais experientes da tarefa de montagem enquanto os demais ajudam da maneira que for necessário.

Cada grupo fica responsável por montar a barraca o qual irá dormir. Quando uma equipe terminar, o responsável pelo grupo ou líder de acampamento deve verificar as condições da barraca. Verificando estrutura e pinos de fixação. Faça observações quando necessário e elogios sempre que possível. Importante ressaltar que não se deve elogiar um trabalho mal feito ou inacabado, pois assim estará reforçando um trabalho mediano. Faça as devidas orientações e deem tempo para que seja refeito o trabalho. Elogie quando a tarefa estive no mínimo boa.

Lembre-se de orientar sobre portas das barracas e mochilas estarem sempre fechadas para evitar que animais entrem.

Crianças montando barracas próximo à sede da fazenda.

## LENHA

Oriente os campistas sobre tamanhos, espessura e comprimento, e quais os tipos de galhos necessários para a fogueira. As crianças menores podem coletar pequenos galhos e folhas secas para ajudar na isca de fogo. Os campistas maiores ficarão com a tarefa de coletar galhos maiores e quebrá-los do tamanho ideal para a fogueira.

Os adolescentes ou adultos ficarão encarregados de coletar troncos e galhos mais pesados para alimentar o fogo por mais tempo.

Lembre-se de orientar todas as crianças a tomarem cuidado com animais peçonhentos como aranhas, escorpiões e serpentes. Também com farpas, pontas e espinhos dos galhos. Permaneça junto com as crianças menores durante a coleta.

Antes de iniciar a coleta, oriente onde será o local da pilha de lenha. Algumas pessoas não sabem que a lenha fica em um local diferente do local onde será a fogueira, por tanto, oriente-os.

## ATIVIDADES E BRINCADEIRAS

Acampamento com crianças exige uma organização e elaboração de atividades e brincadeiras para tornar essa experiência positiva e divertida. Selecione atividades que possam ser realizadas no local escolhido. A idade das crianças também irá influenciar na escolha das atividades e brincadeiras.

Cada atividade e brincadeira deve ter um propósito e ensinamento intrínseco. Atividades que valorizem a cooperação possui uma grande importância para a socialização das crianças, mesmo que elas não percebam serão instigadas a respeitar diferenças, receber ajuda e ajudar os companheiros.

Lembre-se de explicar as atividades para que todos compreendam. Caso houver precauções para as atividades, explique de forma simples e clara, se possível, transforme essas precauções em regras. Cite as regras da atividade e peça para que as crianças repitam em voz alta.

# FOGUEIRA

Seja no local indicado pela área de camping ou no centro de seu acampamento. Após brincadeiras e atividades do dia, um outro momento mágico é acender a fogueira. É nela que alimentos serão preparados, marshmallows serão assados, histórias de vida, ensinamentos históricos, e histórias assustadoras serão contadas. É um momento mágico.

Oriente as crianças a não se aproximarem demais do fogo, não cutucarem a fogueira e brasas, e não colocarem lenha sem permissão de um adulto.

Fogueira e marshmallow.

## DESMONTANDO ACAMPAMENTO

Auxilie as crianças a coletarem e guardarem seus pertences nas mochilas e verificar se nada foi esquecido. Após, esvaziar o interior das barracas deve-se iniciar a desmontagem delas. Observe se todas as peças das barracas foram guardadas corretamente em suas capas ou sacolas.

Observação: desmontar seu acampamento será a última coisa que irá fazer. Caso tenha programado acampar por mais dias mantenha seu acampamento organizado até o final.

Não existe uma regra de cronograma para um acampamento. As sugestões acima possuem a intenção de auxiliar jovens campistas a preparar suas barracas e organizar seus pertences de forma confortável. Caso sinta necessidade de alterar qualquer item acima, faça, altere e deixe seu acampamento mais agradável possível.

## TRILHAS

Extremamente rica e divertida, trilhas podem ser usadas para explicar sobre fauna e flora, preservação ambiental, biologia, entre outros conteúdos específicos.

Antes da atividade, verifique se o percurso está em condições seguras para a prática da trilha. Se necessário, faça o percurso todo para "limpar" a trilha, removendo galhos, troncos, teias de aranhas e outros obstáculos. Precauções: cite regras de segurança alertando sobre animais peçonhentos, insetos, galhos e espinhos, cuidado com animais em troncos de árvores e onde se pisa. Alerte os pequenos a não colocar mãos em cercas e fios, prevenindo-os de arranhões e descargas elétricas. Certifique que no mínimo dois adultos acompanhem a trilha, sendo um o guia, que irá na frente fazendo observações e verificando as condições do percurso. O outro adulto fará o papel de escolta, ficando por último, impedindo que alguma criança fique para trás.

Sara observando a paisagem durante a trilha. Atividade supervisionada.

Nunca permita que a fila fique muito longa, mantenha uma distância mínima de dois metros, e no máximo dez metros entre cada membro da caminhada. Não existe uma distância padrão, uma boa noção de segurança é comunicação entre o guia e a escolta. Por tanto, mantenha uma distância onde seja possível que um visualize o outro. Um recurso opcional é o uso de rádios comunicadores.

## TÉCNICAS DE SOBREVIVÊNCIA

Uma ótima oportunidade para ensinar práticas e técnicas de sobrevivência para suas crianças é no acampamento. Analise quais ensinamentos e técnicas você tem interesse de passar para as crianças e prepare os materiais necessários para a realização da atividade.

Os ensinamentos dessa linha podem ser desde amarrações de nós à construção de abrigo primitivo. A decisão nesse caso parte da necessidade, interesse dos campistas, e conhecimentos dos responsáveis e monitores do acampamento.


## PESCA

Ensinar crianças a pescar é algo comum em muitas culturas. Pode parecer cruel ensiná-los a fisgar, limpar e preparar o peixe para consumo, mas devemos lembrar que essa é uma atividade ligada à sobrevivência. O maior risco nesse pensamento é privar a criança da realidade. Mesmo que a criança não tenha idade para utilizar a vara, ou manusear lâminas no momento da evisceração, ela pode auxiliar carregando alguns peixes ou outros itens. No momento da pesca, auxilie crianças menores que 8 anos e permita que as crianças maiores realizem tarefas e etapas sozinhas. Como; colocar iscas no anzol, retirar peixe do anzol, colocar peixes no balde ou rede. Crianças acima de 12 anos podem ser orientadas a limpar e preparar os peixes para o consumo.

Sara aprendendo a pescar. Atividade Supervisionada.

Precauções: Não se descuide das crianças, mesmo que saibam nadar, não anula a possibilidade de afogamento. Alerte crianças sobre animais que podem estar na região, pois é comum animais próximo de rios e lagos. Ensine a maneira correta de colocar iscar no anzol, como lançar a linha, e como retirar os peixes fisgados sem se machucar ou cair na água.

Campista pescando. Atividade supervisionada.

## TRILHA LÚDICA

A trilha por si só já é divertida e emocionante, adicionar um pouco de ludicidade pode ser uma forma de chamar ainda mais a atenção das crianças e passar conhecimento de uma maneira divertida.

Um exemplo dessa atividade lúdica foi uma experiência com minha filha Sara, que na época possuía pouco mais que seis anos. Como parte da atividade construí um positivo de pegadas com características de dinossauro, três ovos de gesso grandes, usando moldes de ovos de páscoa e tinta para pintar e caracterizar os ovos.

Pegada de dinossauro feito com positivo esculpido em madeira.

Percorri toda a trilha no dia anterior para avaliar sua situação como o recomentado, marcando o percurso com as pegadas, ao final da trilha construí um "ninho" de dinossauro e depositei os ovos. No dia seguinte relatei a ela que naquela região havia pegadas de dinossauro, a euforia transbordava ao mesmo tempo em que seus olhos demonstravam anseio por essa aventura e contato com os dinossauros.

Ovos de dinossauro feitos em gesso.

Durante o percurso foram abordados vários temas como segurança, comportamento de animais, cuidado com o meio ambiente, preservação, e curiosidades sobre dinossauros. Deixei que ela encontrasse a primeira pegada sem auxilio e orientei o básico sobre rastreamento de animais. A cada passo dado era visível o cuidado e atenção para encontrar a próxima pegada. Ela mantinha sua atenção no chão em busca de novas pegadas e também nos barulhos ou movimentos na vegetação, pois se haviam pegadas, a criatura que as deixou poderia estar por perto. Ao final da trilha, minha pequena aventureira teve um emocionante encontro com o ninho e os ovos de dinossauros. Ela tocou, e os segurou com o mesmo cuidado que possui quando coleta ovos de galinhas. Minha filha realmente acreditava que havia vida neles, e observava ao redor com atenção para verificar se os "pais" dos ovos não se aproximavam. A pequena Sara acreditava em toda aquela aventura, para ela, tudo aquilo era real.

Sara com um dos ovos de dinossauros na mão.

Atividades lúdicas tendem a se tornar aventuras inesquecíveis. Quando ela crescer irá compreender que dinossauros foram extintos a milhares de anos, porém, a experiência de perseguir os rastros e encontrar o ninho provavelmente será lembrada por muitos anos.

É possível trabalhar qualquer tema dessa forma, se você possui crianças de até oito anos em seu acampamento, atividade lúdica é a melhor opção.

# CAÇA AO TESOURO

Deixar pistas para que as crianças sigam e encontrem "um tesouro" pode ser uma atividade competitiva ou cooperativa. Dependendo do objetivo, pode ser uma forma de ensinar sobre diversos conteúdos de sua escolha.

A "caça ao tesouro" competitiva é sugerida quando o acampamento possui uma gincana ou atividades com pontuação visando o destaque das melhores equipes. A caça cooperativa é indicada para acampamento com poucas crianças, desenvolvendo o trabalho em equipe.

Deposite as pistas de forma que precisem da ajuda uns dos outros para obtê-las. Brinque com a imaginação deles, escolha um tema e trabalhe com eles item por item até o final onde será encontrado o "tesouro". Explore a importância da preservação da natureza, proteção de fauna e flora entre outros temas ligados ao meio ambiente.

*Como preparar uma caça ao tesouro?*

Escolha de quatro a seis locais para esconder as pistas e outros objetos, incluindo o local do tesouro final. Cada local deve conter uma pista do local seguinte e opcionalmente um item que deverá ser necessário para adquirir os próximos itens. Ao final, o tesouro deve ser um presente coletivo, onde todos poderão usufruir do mesmo, ou um presente individual para cada membro da equipe vencedora. Escolha com atenção o item "presente", para que ele tenha sentido ou utilidade. Sendo um apito ou bracelete de sobrevivência, uma bússola, ou canivete suíço (de acordo com a idade das crianças e autorização prévia de seus responsáveis).

## GINCANA

Ao separar as crianças, evite deixar uma equipe "mais forte". Forme grupos coesos que proporcionem uma disputa justa em todas as provas. Equilibrando força, velocidade, destreza e inteligência das equipes. Lembre-se que mesmo havendo competições, o objetivo principal e a diversão e companheirismo.

Uma boa gincana necessita de uma série de brincadeiras com pontuações para soma ao final das provas. As provas podem ser físicas, de conhecimento e desafios em geral.

A premiação ao final de todas as provas deve ser individual. Ou seja, uma medalha (ou outro item de sua escolha e com a autorização dos responsáveis) para cada membro da equipe vencedora. Todas as outras equipes também deverão ser premiadas, por esse motivo, se o número de crianças for suficiente, forme três equipes. Assim a premiação será feita para todos. Primeiro, segundo e terceiro colocados.

## CABO DE GUERRA

Brincadeira folclórica muito antiga, não há uma data ou localização registrada da verdadeira origem do cabo de guerra. Nessa brincadeira duas equipes jogam competindo suas forças. Todos os membros da equipe podem jogar. As duas equipes se posicionam nas extremidades do cabo (corda grosso para não machucar as mãos das crianças).

Vence a equipe que arrastar o adversário até a marca determinada como campo limite, ou se todos os membros da equipe adversária soltarem a corda.

## CORRIDA DE TRÊS PERNAS

Cada equipe seleciona dois corredores para representá-los. Os corredores são colocados lado a lado e a perna esquerda do corredor é amarrada à perna direita de seu parceiro. Desse modo precisarão de cooperação e velocidade. Enrole uma toalha nas pernas que serão amarradas para que as cordas ou fitas não machuquem os campistas. Vence a dupla que percorrer todo o percurso em menor tempo.

## PERGUNTAS E RESPOSTAS

Jogos de conhecimento são divertidos e todos podem jogar. Selecione questões do cotidiano das crianças e de acordo com sua idade escolar. Some os pontos e decida sobre a colocação das equipes e como esses pontos serão adicionados na tabela geral da gincana.

## PROVA DA LENHA

Oriente as crianças sobre animais peçonhentos antes do início da atividade. Assim como o tipo de madeira desejado. Tamanho, comprimento, grossura e peso. Demarque o local onde cada equipe depositará a lenha durante a prova.

O vencedor da prova é determinado pela maior quantidade de lenha coletada dentro do tempo de duração. As crianças deverão trazer os galhos e depositar no monte destinado à sua equipe antes do tempo esgotar. A equipe que agir de má fé e "furtar" lenha de outra equipe será imediatamente desclassificada.

## PROVA DO LIXO

Dependendo do número de crianças participantes e da quantidade de resíduos gerados, a prova do lixo pode vir a ser uma forma divertida para coletar a sujeitar do local ao final do acampamento.

A prova do lixo consiste em recolher todos os resíduos gerados durante a permanência no local e por ventura resíduos deixados por pessoas antes do seu acampamento.

Assim como a prova da lenha, essa prova necessita que cada equipe possua seu próprio local de despejo, como um tambor, balde ou sacos de lixo.

A equipe que coletar a maior quantidade de resíduos dentro do tempo determinado vence.

Essas são algumas sugestões de atividades e brincadeiras que podem ser realizadas durante o acampamento. Adicione novas atividades, e ignore as sugestões que não julgar necessário.

## PIPA

As pipas foram criadas no oriente a mais de três mil anos e tiveram várias participações literárias e científicas desde então. Muito tempo se passou e as pipas ainda fazem muito sucesso nos dias atuais, principalmente com os jovens.

Empinar pipa na cidade pode ser uma brincadeira perigosa devido à fiação elétrica. Essa atividade fica mais segura quando praticada em áreas de campo aberto. A zona rural permite a prática segura e saudável dessa antiga brincadeira.

Essa atividade pode ser desenvolvida desde a confecção das pipas, abordando estilos e formatos diferentes.

Sara empinando pipa. Atividade supervisionada.

## ATIVIDADE COM ANIMAIS

Atividades com animais domésticos e adestrados ajudam a criar um laço de respeito, amizade e carinho com seres vivos. Atualmente crianças possuem contato limitado com animais, e quando interagem, os animais estão prontos, e arrumados para esse contato. Por mais que esse contato seja algo bom, impedir ou omitir da criança que os animais precisam de cuidado, carinho e atenção, pode dificultar a criação de responsabilidade pela saúde do animal. Talvez esse seja um grande perigo, pois podemos criar um conceito que os animais são objetos.

Crianças observando e chamando os animais, atividade supervisionada.

É importante que as crianças compreendam que animais precisam de carinho, atenção, e alimentação, assim como qualquer outro ser vivo. Algumas pessoas esquecem que animais possuem emoções e também sofrem com stress. Por esse motivo podemos considerar que uma atividade com animais começa com o cuidado com ele. Alimentando, fornecendo água, levando para passear. Caso o local no qual seu acampamento seja realizado possua animais de fazenda ou domésticos, vale a pena organizar uma atividade para criar esse vínculo com o mundo animal.

Campistas escovando o cavalo antes de colocar a sela.

## PRÁTICA ESPORTIVA

Você pode utilizar o espaço fornecido, e o clima natural para incentivar e iniciar as crianças em alguns esportes radicais, como rapel, escalada, tiro com arco, arremesso de bumerangue, etc.

Esses esportes possuem uma mística interessante para as crianças, pois, são instrumentos utilizados por heróis em suas épicas batalhas contra o mal. Porém, lembre-se que para qualquer uma dessas atividades será necessário possuir os equipamentos corretos e necessários para a prática saudável e segura.

## BUMERANGUE

O bumerangue mais antigo encontrado data cerca de 23 mil atrás, mostrando que o ser humano sempre inovou e buscou novas tecnologias para melhorar suas habilidades e suprir suas necessidades.

O arremesso de bumerangue é uma atividade interessante, principalmente quando ele retorna para sua mão. Para isso, exige treinamento e aperfeiçoamento da técnica de arremesso para que o praticamente adquira uma postura correta, e "o jeito" adequado da soltura no momento do arremesso. Ao contrário do que muitas pessoas pensam, o bumerangue é arremessado "em pé", na vertical, sendo arremessado a cerca de 15° graus. Não há necessidade de colocar muita força no arremessá-lo, o que irá fazer com que ele tenha potência é o giro. Por isso, arremesse-o girando, e assim ele fará o trajeto completo e retornará até você. A vantagem dessa atividade é que você poderá encontrar bumerangues leves resistente e com um custo acessível em lojas de brinquedos e materiais esportivos.

## RAPEL

Descer de grandes alturas com o auxílio de uma corda pode parecer amedrontador para muitas pessoas. Porém, para outras, rapel é significado de aventura e adrenalina. Para essa atividade use cordas corretas para rapel, assim como cadeirinha, mosquetões, luvas, e todos os equipamentos necessários.

Sua atividade não precisa possuir uma grande altura. O rapel pode ser praticado com poucos metros. Para isso você irá precisar de uma plataforma de descida, que poderá ser uma árvore, a cobertura de um galpão ou prédio. Use as amarrações indicadas para fixar a corda que irão fazer a descida. Sempre deixe um monitor descer antes para mostrar que é seguro, isso tranquiliza campistas receosos e mostra a maneira que devem descer. Nunca pratique rapel sem um instrutor de rapel. Lembre-se que a segurança é prioridade.

Não force ou empurre ninguém a descer, se o campista desistir, retire-o com segurança da plataforma de descida. Forçar uma pessoa pode causar danos emocionais, e minar toda a experiência positiva do acampamento.

## TIRO COM ARCO

Há registros de pontas de flechas encontradas a mais de 64 mil anos atrás. Muitos dos heróis das histórias infantis utilizam arco como sua arma, fazendo com que esse equipamento possua uma mística singular. Crianças gostam de experimentar esse esporte, mesmo errando a maioria dos disparos, quando ocasionalmente ocorre um acerto, a empolgação contagia todos ao redor.

A prática do tiro com arco exige equipamentos de arquearia, um local adequado e o cumprimento das regras de segurança. Apenas nos dias atuais o arco e flecha se tornou um esporte, mas não o subestime, é uma arma branca eficaz. Em contrapartida, também é considerado um dos esportes mais seguros que existe.

Tiro com arco em família.

Você precisará de arco e flechas para iniciar seus campistas no tiro com arco. Lojas de artigos esportivos podem fornecem arcos e flechas com libras adequadas para a idade das crianças. Arcos de 20 libras são os mais indicados para crianças a partir dos 10 anos. Crianças menores deverão utilizar arcos de 12 a 15 libras. Utilizar um arco com uma libra alta demais para sua idade e força pode causar dores musculares. Use arcos adequados.

Aparador de flechas pode ser construído com caixas de papelão, retalho de tecido, e sacos de algodão. Encha o saco com retalhos de tecido ou prenda no mínimo 15 placas de papelão juntas. Esses aparadores caseiros serão o suficiente para seus disparos. Para arcos e balestras com maior potência precisarão de aparadores adequados para sua libra. O alvo será seu objetivo de disparo, desenhe ou cole um alvo circular ou silhueta de animais caso queira simular uma caçada.

Para uma prática segura, coloque o alvo a frente de um barranco, ou com uma área vasta para aparar as flechas que não atingirem o aparador. A regra de segurança mais importante que existe no tiro com arco é: *Nunca atire se a linha de tiro não estiver livre.* Essa regra vale para qualquer ser vivo que entre na linha de tiro, não efetue o disparo.

Lembre-se que a segurança vem em primeiro lugar. Para a prática de tiro com arco com crianças é necessário a presença de um instrutor de tiro com arco ou um arqueiro com bastante experiência.

## 14. JOGOS DE COOPERAÇÃO OU JOGOS DE COMPETIÇÃO?

Qual é a melhor opção de jogos? Devemos trabalhar a competitividade ou a cooperação?

Ambas as opções são importantes. Jogos de cooperação vão desenvolver a capacidade de trabalhar em equipe. Interagir com socialmente e montar estratégias para conquistar o objetivo do grupo.

Desenvolva uma atividade onde todos ganhem juntos ou percam juntos. Quando a equipe falha, permita que refaçam suas estratégias para realizarem novas tentativas até que alcancem o objetivo. Assim eles irão analisar aquilo que não foi eficiente e criarão novas estratégias até encontrar uma que funcione.

Jogos de competição são importantes para estimular a determinação e treino constante das crianças. Porém, quando o objetivo estipulado é a socialização e diversão, não incentivando a competitividade, é preciso possibilitar a rotação de membros das equipes além de proporcionar que aja várias partidas. Assim, é provável que todos ganhem e percam algumas vezes. Assim o jogo perde a característica marcante de competição e para a ser diversão e entrosamento com os demais campistas.

Atividades que desenvolvam a cooperação deve ser estimulada. Quando o acampamento conta com poucos campistas procure dar preferência para atividades cooperativas. Proporcionando trabalho em equipe, servindo como um alívio para esse mundo tão competitivo. É importante apresentar possiblidade de trabalho onde as habilidades de cada membro seja somada com os demais.

## 15. ANAMNESE DA CRIANÇA.

Acampar com crianças exige grande responsabilidade e conhecimento sobre cada uma. Conhecer suas alergias, saúde, contato dos responsáveis para emergência, hospitais onde a família possua convenio hospitalar, etc.

Para isso, é importante que no início do acampamento ou antes, os pais preencham uma ficha com de informações sobre seus filhos, e anexem uma foto da criança para facilitar o reconhecimento pelos monitores. Antes das atividades todos os monitores e responsáveis devem ter acesso a essas fichas para conhecer a particularidade de cada criança.

# FICHA DO CAMPISTA

Nome:_____

_____ Data nascimento:____/____/____

Endereço residencial:_____

Telefone para contato em caso de emergência:_____

Nome mãe:_____

Telefone:_____

Nome pai:_____

Telefone:_____

Alergias: (  ) SIM   (  ) NÃO

Quais:_____

Problema de saúde? (  ) SIM   (  ) NÃO

Citar:_____

Uso frequente de medicação: (  ) SIM   (  ) NÃO

Remédio:_____

Horários:_____

Convenio hospitalar? (  ) SIM   (  ) NÃO

Qual? _____

Telefone hospital: _____

Endereço do hospital conveniado mais próximo: _____

_____

_____

# AUTORIZAÇÃO DE ACAMPAMENTO

Eu _____ autorizo meu filho (a) _____ a participar do acampamento que será realizado nos dias __/__/__ ao __/__/__. Autorizo a participação das atividades e brincadeiras organizadas pelos monitores, assim como o uso da imagem do meu filho (a) para divulgação das atividades e do acampamento. Estou ciente dos riscos das atividades e brincadeiras. Fico à disposição dos responsáveis pelo acampamento caso seja preciso buscar meu filho(a) antes do término do acampamento, principalmente no caso de indisciplina, desrespeito e atitudes que o coloque em perigo real. Lembrando que seguir regras e orientações funcionam para a preservação da saúde e segurança dos campistas.

_____

Assinatura do responsável da criança

_____

Assinatura do responsável pelo acampamento

Data __/__/__

Cidade: _____

## 16. SUGESTÃO DE HISTÓRIAS DE TERROR E SUSPENSE

Anoitecer em acampamento é sinônimo de fogueira, marshmallow, e histórias de terror. Porém, existem algumas recomendações pedagógicas em relação às histórias que devem ou não serem expostas para as crianças. Os campistas menores podem se assustar com facilmente, e contar uma história muito "forte" poderá trazer pesadelos por vários dias, ou até mais tempo. Por esse motivo, nas próximas linhas será exposto sugestões do enredo, tema e personagens que poderão auxiliar sua escolha para história mais pertinente à idade.

### De 0 a 8 anos

Crianças menores que oito anos se impressionam com facilidade. Histórias para essa idade devem possuir personagens na mesma faixa etária. A história deve apresentar complicações causadas por erros e negligencia dos personagens principais. Os perigos não precisam necessariamente ser criaturas místicas como fantasmas e monstros, podendo apresentar situações de perigo possíveis no local do acampamento. Como; sair sozinho durante a noite, ou sair em grupo sem a companhia de um adulto, não informar sobre uma picada ou ferimento e que possa a vir se agravar causando uma enorme complicação da saúde do personagem. As histórias para crianças desse faixa etária devem conter instruções de conduta e segurança. O vilão pode ser uma serpente, um porco do mato, um cachorro, uma onça, ou humanos mal-intencionados. Enfim, animais que possam realmente oferecer risco a segurança dos personagens e do grupo de campistas. O personagem escolhido como vilão não deve ser morto pelos personagens principais, lembrando que os protagonistas devem possuir a mesma idade do público alvo. Ao invés de eliminá-lo, os personagens da história precisam encontrar algum adulto (que lembre a figura do líder de acampamento ou monitor) que fará o papel de "herói salvador", e junto com o grupo devem afugentar ou subjugar o vilão. Sempre reforce que os adultos responsáveis estão presentes para instruí-los e zelar pela sua segurança.

### De 9 a 13 anos

Dos nove até os treze anos, o foco das histórias deve ser o trabalho em equipe para solução de problemas e segurança. A idade dos personagens da história deve ser compatível com a idade do público alvo. Nessa idade o vilão pode ser uma criatura mística como um monstro, vampiro, lobisomem, fantasma, enfim, uma criatura mais poderosa que o grupo, onde trabalhando em equipe consigam derrotar o vilão usando sua inteligência para explorar as fraquezas e destruí-lo. A morte do monstro representa "resolver o problema", por esse motivo os monstros podem ser eliminados com sua fraqueza natural. Exemplo: um vampiro destruído por uma estaca de madeira cravada no coração ou pela luz do sol, um lobisomem por uma bala de prata, libertando o espírito do fantasma, etc.

## Acima dos 14 anos

Acima de quatorze anos a censura das histórias permite o bom e velho terror puro. Ligue locais próximos ao local da aventura no enredo, crie sua própria história de fantasmas e monstros. Continue usando personagens na faixa etária dos seus campistas, improvise sobreviventes, testemunhas, ou sinais que corroborem com suas histórias. Para essa idade os finais trágicos estão liberados. Elimine alguns personagens por negligencia e para manter os campistas aflitos durante a história. Faça com que seus campistas reflitam sobre a história e ações dos personagens. Use toda sua imaginação e criatividade para criar e adaptar histórias e adequá-las para a faixa etária desejada. Divirta-se adicionando entonações, alterações de vozes, e alguns belos sustos durante a história. Faça com que a história não seja esquecida tão cedo. **Divirta-se!**

## 17. PRIMEIROS SOCORROS

Os primeiros socorros são as intervenções iniciais até a chegada de uma equipe de socorristas. Quando se pratica esportes radicais ou esportes de aventura é importante ter noções de primeiros socorros e quando acampamos com crianças também. Entre as maiores probabilidades de acidentes com crianças em campo estão; luxações, torsões, cortes, quedas e arranhões. Situações sérias exigem uma equipe mais adequada, qualificada e com equipamentos específicos para o socorro. Mesmo assim os primeiros minutos são extremamente importantes, esteja preparado para estancar sangramentos, e fazer imobilizações quando necessário. Caso a situação seja séria, não perca tempo, envie um pedido socorro o mais rápido possível.

Crianças se machucam com frequência, geralmente nada muito sério, como pequenos arranhões e alguns ralados. Isso se deve ao seu espírito impulsivo, dinâmico e curioso. Por esse motivo tenha uma bolsa de primeiros socorros próxima de sua localização, podendo ser em algum veículo ou barraca. Em caso de trilha ou caminhada sempre leve uma bolsa de primeiros socorros consigo.

Fique atento com crianças alérgicas a picadas de insetos, alimentos e certos medicamentos. A ficha de dados de cada criança será extremamente importante para conhecer essas especificações de cada uma delas.

Em caso de emergência não perca tempo, se for necessário levar a criança ao pronto socorro, leve. Neste caso, nunca deixe outras crianças sozinhas ou com desconhecidos, deixe-as sob responsabilidade de outro adulto de sua confiança. Por esse motivo deve sempre ter uma quantidade mínima de dois adultos em campo, caso um tenha que se ausentar e o outro transportar a criança em busca de socorro médico.

Possua em sua mochila de trilha um "kit médico" para atender os primeiros cuidados, seja em si mesmo ou em terceiros. Você pode montar seu *kit médico* de acordo com sua necessidade e seguindo sugestões do corpo de bombeiros e socorristas. Alguns medicamentos possuem restrições e não devem ser adicionados em seu kit sem prescrição. Por isso, priorize medicamentos de uso livre no qual a família tenha indicado e permitido por escrito. Fique atento aos campistas que possuem alergias a insetos, alimentos, substâncias e medicamentos. Uma reação alérgica causará agravamento no quadro do campista, necessitando de socorro com urgente.

Ao iniciar o procedimento de primeiros socorros é muito importante ter calma, afastar os demais campistas e solicitar ajuda imediata. É necessário salientar que não são todas as pessoas que possuem o perfil para o atendimento, quando há opção, peça para essa pessoa entrar em contato com a equipe de socorro enquanto outra pessoa de início ao procedimento. No momento que solicitar ajuda será necessário indicar a localização do grupo, por isso, para facilitar, tenha consigo uma anotação com os dados da região na qual o acampamento estará sendo realizado. Tenha o nome da chácara ou fazenda, e indicações da rota.

## PRIMEIROS SOCORROS DE QUEIMADURAS

Queimaduras são classificadas em; queimadura de primeiro grau que causa danos apenas a superfície externa da pele, queimadura de segundo grau que causa danos a camadas mais profunda da pele, e queimadura em terceira grau que atinge camadas ainda mais profundas.

As primeiras intervenções nesses casos são retirar a pessoa do local e do calor. Caso o dano seja leve, lave o local com água corrente e compressas usando soro fisiológico. Nunca fure bolhas que aparecerem. Acione socorro imediatamente.

## PRIMEIROS SOCORROS DE INTOXICAÇÃO

Certas substâncias causam intoxicações em contato com a pele, inalação ou ingestão. Em campo precisamos lembram que podem existir plantas tóxicas ou situações alérgicas. Os sintomas comuns são; irritação nos olhos, garganta e nariz, salivação abundante, queda de temperatura, asfixia, vômito, diarreia, convulsões e sonolência.

Quando alguém aparenta intoxicação é importante identificar o agente causador, manter a pessoa imóvel e levar a pessoa até o pronto atendimento ou entrar em contato com socorro o quanto antes. Nunca deve provocar vômito.

## PRIMEIROS SOCORROS EM PICADA DE SERPERNTES

Nunca se deve deixar campistas sozinhos e deve estar sempre alerta quando se caminha em trilhas e pelas redondezas do acampamento. É bem provável que serpentes que outros animais evitem locais com circulação constante de pessoas, porém, cuidado nunca é demais.

Em caso de um acidente, mesmo com todos os cuidados, é necessário tomar as primeiras intervenções rapidamente. Comece lavando a área de picada com água e sabão, deixe a vítima em posição confortável e de preferência com o local da picada abaixo da altura do coração. Leve a vítima para o atendimento médico o mais rápido possível. Quando possível capturar a serpente, leve-a junto para que seja feito a identificação da espécie e agilizar o atendimento e ministração do soro antiofídico. Não faça cortes nem amarre o local da picada, muito menos faça torniquetes.

## PRIMEIROS SOCORROS EM SITUAÇÃO DE ENGASGO

O engasgo ocorre quando a via respiratória está bloqueada por alimento ou objeto impedindo a respiração. Essa situação exige atenção e medidas imediatas para evitar a asfixia. Após acalmar a vítima, inicie a manobra de Heimlich. Essa manobra consiste em posicionar-se atrás da vítima, colocar o braço envolta do abdômen da vítima, uma mão fechada a boca do estômago a outra em forma de concha sobre a primeira. Os movimentos das mãos devem forçar a boca do estômago para dentro e para cima. Repita o movimento até que o objeto seja expelido.

Em caso de engasgo com crianças pequenas e bebês, deve colocar a criança com a barriga para baixo em seu antebraço com a cabeça mais baixa que o corpo e dê alguns golpes com o punho da mão. Após essa tentativa vire a criança e verifique as vias foram desobstruídas. Caso não esteja livre, pressione o tórax da criança com os dedos indicador e médio entre a linha dos mamilos. Se a manobras não funcionarem, chame socorro e continue o procedimento.

## PRIMEIROS SOCORROS EM FRATURAS

Fraturas são classificadas como fechadas, quando não se vê o osso e a pele não se rompe, e fratura exposta, quando há rompimento da pele e o osso pode ser visto. Independente da classificação, uma fratura deve sempre ser tratado como uma situação grave até que se tenha certeza de que não há risco, por isso, em caso de fratura procure atendimento médico.

A primeira ação deve ser imobilizar a parte do corpo fraturada para evitar movimentação dos fragmentos ósseos. Nunca tente colocar o osso no lugar por conta própria, pois pode agravar o quadro da vítima. É possível que em fraturas expostas haja hemorragia, nesse caso utilize um pano limpo para pressionar o local. Fraturas na coluna e no pescoço devem ser tratadas com extrema atenção, evitando até mesmo movimentações mínimas ou transporte inadequado da vítima.

## PRIMEIROS SOCORROS EM DESMAIO

Várias causas podem ocasionar um desmaio, seja cansaço, fortes emoções, hipoglicemia, calor intenso e dores. Uma pessoa desmaia repentinamente, podendo se ferir na queda. Portanto, quando presenciar um desmaio, tente amenizar a queda segurando a vítima e protegendo principalmente a cabeça, deite ela, afrouxe suas roupas para melhorar a respiração, peça para alguém abrir janelas quando estiverem em lugar fechado, eleve os membros inferiores. Quando alguém sentir que irá desmaiar, peça para se sentar e colocar a cabeça entre os joelhos ou se deitar.

## PRIMEIROS SOCORROS EM CONVULSÃO

Convulsões são definidas como crises epiléticas onde o sistema motor desencadeia uma série de contrações musculares violentas, salivação, palidez, perda da consciência e lábios azulados.

Quando presenciar uma convulsão evite que a vítima caia desamparadamente, tente deitar a vítima longe de objetos na qual ela posso se bater ou feri-la durante o momento da convulsão, afrouxe as roupas e deixe o rosto virado para o lado e assim evitar engasgos. Não tente conter os movimentos nem colocar objetos na boca da vítima e quando a convulsão passar mantenha a vítima deitada até que recupere sua consciência. Convulsão costumam passar em alguns minutos, entretanto se demorar mais de 5 minutos deve acionar a emergência.

## PRIMEIROS SOCORROS EM SANGRAMENTO

Posicione o local do ferimento acima do corpo da vítima para evitar a velocidade do sangramento. Pressione a região do ferimento com um pano limpo para estancar o sangramento. Utilize equipamento de proteção como luvas cirúrgicas ou sacolas plásticas para evitar contaminações.

## PRIMEIROS SOCORROS EM AFOGAMENTO

Nunca deixe crianças sem supervisão, principalmente próximo a locais com água, pois sempre há a possibilidade de afogamento. Tenha realmente atenção e muito cuidado, pois o afogamento na maioria das vezes é silencioso e sem estardalhaço. Esteja sempre alerta e oriente que todos os demais campistas também se mantenham alerta em relação a água.

Quando for necessário socorrer uma situação de afogamento siga os seguintes passos:

- Peça ajuda de algum salva-vidas ou pessoas ao redor.

- Peça para alguém ligar para o socorro, ou no caso de outras pessoas socorrendo a vítima faça a ligação para o resgate.

- Retire a vítima da água.

- Verifique a respiração e os sinais vitais.

- Caso não haja pulso, inicie a manobra RCP.

- Verifique novamente os sinais vitais da vítima.

- Continue a manobra RCP até que o resgate chega.

Para realizar a manobra RCP o socorrista deve se ajoelhar ao lado da vítima, próximo aos ombros. Encontre um ponto entre os mamilos, posicione os braços esticados com uma mão sobre a outra, e com parte inferior da mão use o peso do seu corpo para fazer compressões fortes em ritmo constante. Em vítimas adultas mantenha uma frequência de cem compressões por minuto, cerca de cinco compressões a cada três segundos. Use força! Para adultos o recomentado que a pressão tenha atinja em torno de cinco centímetros de profundidade e quatro centímetros para crianças e bebês.


## VERIFICANDO SINAIS VITAIS

Olhe a movimentação do tórax da vítima e veja se há respiração. Examine a pulsação pressione os dedos indicador e médio esticados na parte inferior do pulso ou na lateral do pescoço para sentir.


## TRANSPORTANDO A VÍTIMA

A princípio a orientação é não remover a vítima, socorristas profissionais farão a remoção da vítima da maneira adequada. Entretanto, em caso de risco de desabamento ou explosão, quando a remoção se faz extremamente necessária. Nesse caso, tente imobilizar coluna, pescoço e mexa o mínimo possível. Remover a vítima de forma inadequada pode resultar em lesões graves, deixar sequelas ou levar a vítima a óbito.

## SAÍDAS EMERGENCIAIS

Prepare-se para sair às pressas. Estacione seu veículo de uma forma fácil de deixar o local. Deixe chaves e documentos próximos a você. Em caso de chamar a emergência até o local, certifique-se que conhece as informações corretas sobre o endereço do local para que o socorro chegue até você sem problemas. É importante que todos os líderes e monitores devem memorizar esses dados antes de sua aventura, ou tenha anotado.

Uma saída emergencial prioriza retirar as pessoas do local e levá-las para um abrigo seguro. Itens materiais não necessários devem ser deixados para trás, e se possível, recuperados mais tarde. Apenas itens considerados importantes devem ser coletados durante a evacuação. Entenda que, qualquer situação que ofereça riscos para a segurança e saúde de seus campistas deve ser considerada uma situação de risco. Avalie a situação, caso não seja possível restaurar a segurança do local, você deve optar pela saída de emergência. Prioridade é a segurança de todos.

## 18. RELATOS DE CAMPISTAS

*"Para começar, foi o meu primeiro acampamento real –
que não foi na escola – e foi completamente diferente do que
eu imaginava que seria, mas de uma maneira boa, foi
incrivelmente divertido e uma aventura para levar para vida.
Quando eu fui convidado tudo o que eu conseguia pensar
era se eu daria conta de passar dois dias no mato longe do
conforto do meu sofá e da minha TV (risos) e essa foi uma
das únicas duas dificuldades pelas quais eu passei, que
foram a adaptação ao ambiente que eu não estava
acostumado e a enorme quantidade de mosquitos ao
anoitecer e na trilha. Porém, apesar do medo inicial, com o
passar do dia o ambiente, que antes me parecia hostil, se
tornou acolhedor e esse contato com a natureza foi, para
mim, um dos maiores benefícios causados pelo ato de
acampar, além de ter me ajudado a desenvolver certo senso
de independência aos aparelhos eletrônicos aos quais eu
me considerava completamente dependente. E, para
finalizar este relato, deixo o conselho: para quem tiver a
oportunidade ACAMPE e se você for muito sortudo
ACAMPE COM O ANDRÉ, pois a experiência é incrível. "*

KAUAN GOMES, 18 anos.

*"Desde pequeno eu sempre quis acampar, e nunca vou esquecer do meu primeiro acampamento. O sentimento de estar na natureza, longe de tudo por uns dias, para mim é algo único e que todos deveriam experimentar! É bom sair um pouco da zona de conforto de vez em quando para esfriar a cabeça, e que lugar melhor para fazer isso do que ao ar livre? Sentar com amigos ao redor de uma fogueira, dividir uma barraca, não há coisa melhor para fortalecer uma amizade. E as habilidades que se adquire acampando podem vir a ser úteis alguma hora onde talvez você tenha que fazer algo por si mesmo e não tiver auxílio de tecnologia. Acampar para mim é uma das melhores experiências que se pode ter, e muito mais pessoas deviam conhecê-la. "*

GABRIEL BONIN OSTEN, 16 anos.

*"Eu gosto de acampar porque é legal, tem animais, natureza, praticamos esportes e fazemos muitas aventuras. Em um acampamento a gente pratica arco e flecha, as vezes pescamos, fazemos trilha e fazemos várias brincadeiras. Gosto muito de ajudar a montar as barracas, pegar lenha e montar a fogueira. Praticando acampamento eu aprendi a fazer fogueira, tomar cuidado com o fogo, a não ficar longe de algum adulto responsável, tomar cuidado com o ambiente natural e a rastrear pegadas de animais e reconhecer esses rastros.*

SARA ZAMBALDI, 8 anos.

125

*"Eu confesso que antes de ter conhecimento sobre acampamentos, eu era uma mãe insegura, mas após buscar conhecimento sobre o assunto e conhecer um excelente e admirável profissional na área "Professor André Lobo", tive um olhar diferenciado em relação a acampamento.*

*Quando meu filho foi acampar pela primeira vez, eu tinha vários motivos para deixa-lo ir, pois eu estaria incentivando e ajudando no aprendizado dele.*

*O acampamento é uma oportunidade para a criança desenvolver a socialização, superação, habilidades de liderança, atividades físicas e amar a natureza. Através do acampamento meu filho teve a oportunidade de:*

*- Diversão: desfrutar novas e inesquecível experiências.*

*- Aprender a compartilhar: compartilhar ideias, vivências e conhecimentos com outras crianças.*

*- Incentivo ao aprendizado: aprendizado divertido e prático.*

*- Desenvolvimento de habilidades sociais: novas amizades e trabalho de valores como a empatia, generosidade e a aceitação do outro.*

*- Educação em valores: trabalho em equipe, solidariedade, autoestima, responsabilidade, companheirismo, independência e a competitividade sadia.*

*- Rotina e ordem (desenvolver a força de vontade da criança e estabelecer hábitos diários)*

- *Inovação (novas atividades que repercutirá em um melhor conhecimento de si mesmas e um excelente aprendizado)*

- *Autonomia: adaptar ao novo meio, realizar atividades individual e coletiva que enriquecerá tanto sua autonomia como o aprendizado.*

- *Capacidade de comunicação: enriquecerá suas habilidades de comunicação através das conversas e contos.*

*Enfim um acampamento significa DIVERSÃO E APRENDIZADO. "*

SULENE PELISSON, mãe de campista.


*"Minha experiência com o acampamento, foi incrivelmente incrível, eu já estava ansioso só de arrumar a mochila.*

*Chegando lá fomos fazer o reconhecimento do local, onde iriamos armar nossas barracas, então descarregamos todas as nossas coisas e logo em seguida, conversamos sobre onde cada um iria armar sua barraca, então com o nosso espaço escolhido, era só começar a armar as barracas.*

*Bom se você que está lendo acho que sim, você se enganou hahaha, primeiro temos que limpar o terreno onde iremos acampar, afinal de contas acho que ninguém quer ser espetado, por espinhos ou por pontas de gravetos não é mesmo?!*

*Então pegamos uns rastelos e começamos a retirar todos os gravetos e pedras, que poderiam ter arranhas por baixo, agora sim com o terreno limpo podemos começar a armar as nossas barracas.*

*Como era minha primeira vez acampando, e dividindo a barraca com meu amigo Gabriel, não sabíamos armar a barraca direito, enquanto aos demais que não sabiam se estavam montando do lado certo hahaha, então quem terminou de montar primeiro ia ajudando quem ainda não estava conseguindo. Então todos com as barracas montadas guardamos nossas coisas dentro da barraca. Acendemos nossa magnifica fogueira, a uma distância segura das barracas e agora vai um ensinamento para as crianças: deixem essa parte de acender a fogueira para os mais velhos, ok!*

*Com o local decidido só acender a fogueira certo? Errado primeiro temos que limpar o local e retirar todas as folhas seca. Só então fizemos uma pequena divisão, enquanto uns pegam lenha, outros cavam um buraco no chão, para evitar que o fogo se espalhe, por isso é importante limpar bem entorno da fogueira, então nós deixamos a lenha do lado do buraco.*

*E agora vamos preparar a comida, óbvio que trouxemos algumas coisas de casa para comer, mesmo assim fomos pescar alguns peixes, afinal, qual seria a graça de fazer um acampamento e não comer alguma coisa retirada da natureza naquele momento não é mesmo?!*

*Pegamos algumas varinhas de pescar que tinha ali no sítio e fomos pegar uns lambaris para servir de isca para os* peixes maiores, e enquanto tentávamos pegar algum peixe grande o professor, e líder do acampamento André Lobo tinha acabado de pegar um peixe, com o arco e flecha foi aí que me arrependi de não ter levado o meu arco e flecha.

E enquanto os outros iam aprendendo a limpar peixe eu estava tentando cortar lenha com o machado porque as lenhas que pegamos, não foram o suficiente, acabou que no fim quem teve que cortar o resto da lenha foi o professor, percebi que machado não é meu ponto forte.

Já estava quase escurecendo então o professor acendeu a fogueira e, ah é estava esquecendo, depois do sucesso que tive com a lenha né hahaha, eu e o Gabriel fomos pegar umas varetas de bambu, para comermos marshmallow, achados na fogueira.

Agora sim continuando, depois do professor acender a fogueira fomos fazer uma trilha noturna, o que foi muito top, ah estava me esquecendo de novo, antes de irmos preparar a comida, fomos fazer a primeira trilha do dia né porque a outra é de noite.

Na trilha o professor estava nos explicando, a importância de sempre prestar atenção, onde pisamos e tomar cuidado com aranhas, que sempre estão em teias nos galhos por onde passamos, e lembre-se bem, crianças nunca vão na frente ou por último por questões de segurança.

E depois dessa trilha e tudo mais, depois da fogueira acesa fomos para a trilha noturna, essa sim foi a melhor porque eu dei dois baitas sustos no pessoal hahahaha.

No caminho da trilha eu aproveitei que estava escuro e ninguém estava prestando atenção e subi num barranco e esperei a galerinha chegar perto então desci escorregando no barranco e por ter folhas secas de bananeiras fez um barulho muito alto. O mais engraçado não foi só o susto da galerinha e sim que o professor me deu cobertura quando eu estava subindo no barranco hahahaha.

E o segundo susto foi quando o professor falou para voltarmos por causa dos cachorros do vizinho então aproveitei novamente que ninguém estava prestando atenção em mim e joguei uma pedra no meio da plantação de soja aí geral mirou as lanternas pro soja e foi ai que o professor me deu cobertura de novo ele perguntou foi você Robson? - E eu falei que não só que nessa hora ele tinha até dado uma piscadinha para mim.

Depois dessa trilha voltamos para nosso local de camping, então era hora de rachar a comida, então espetamos pedaços de carne que levamos e o professor fez umas batatas recheadas com ovos. Então jantamos ali no gramado verdinho ouvindo músicas: de abertura de power rangers, star wars até Nirvana etc.

Depois de comermos fomos todos para as nossas barracas, então aproveitei e peguei um pacotinho de marshmallow que deixei na mochila, para dividir entre mim e o Gabriel, mas ele só comeu uns cinco marshmallow e depois ele voltou para a barraca, e eu fiquei lá sozinho sentado à beira da fogueira e acabei comendo todos os marshmallow, eu só não contava que isso daria uma bela de uma dor de barriga hahaha.

*Então depois desse pequeno incidente com os marshmallow, eu fui para minha barraca dormir, e pela manhã depois de acordar fomos todos tomar um café da manhã, e depois arrumar as coisas para irmos embora para casa, no entanto para montar a barraca não foi tão chato quanto para guardar e foi isso agora chegamos ao fim de mais uma aventura.*

*E essa foi minha experiência com o acampamento espero que tenha muitos outros pela frente.*

ROBSON PELISSON, 16 anos.

## 19. CONCLUSÃO.

Acampando com crianças vocês estará proporcionando o autoconhecimento de todos os envolvidos. As crianças aprendem a interagir e a se divertir com respeito e responsabilidade. Gastam sua energia e desfrutam de aventuras memoráveis enquanto os adultos aprendem a ensinar e conviver. Aprendem a tratar crianças como crianças e o mais importante de tudo, criam um laço forte de respeito e companheirismo com o tempo que INVESTEM juntos!

Minha família em uma trilha.

O tempo não para e muitas vezes priorizados nosso trabalho e outras coisas, deixando nossos filhos de lado na fase mais importante de seu desenvolvimento, a infância. Personalidade, caráter e valores são desenvolvidos com estímulos, experiências e exemplos, de todo indivíduo presente no convívio da criança. Por tanto, seja presente e o maior incentivador de seus filhos.

Sejam pais, líderes ou monitores, todo o trabalho envolvido é um ato de amor ao futuro da humanidade. Nos preocupando em deixar filhos melhores para nosso planeta.

Pai e filha explorando a natureza.

Prepare sua aventura. Explore a natureza, descubra o que seus campistas anseiam em aprender e vivenciar, transforme seu acampamento numa jornada de descoberta e conhecimento. Valorize seus campistas, e ajude-os a crescer.

Divirtam-se com suas crianças e

**TENHAM TODOS UMA ÓTIMA AVENTURA!**

# REFERÊNCIAS

PIORSKI, Gandhy. **BRINQUEDOS DO CHÃO: A Natureza, O Imaginário e o Brincar.** Peirópolis, 2016.

LOUV, Richard. **A última criança na natureza: Resgatando nossas crianças do transtorno do deficit de natureza.** Editora Aquariana, 2016.

BARBOSA, Ana Mae (Org.). **Arte-educação contemporânea:** consonâncias internacionais. São Paulo. Editora Cortez. 2005.

BARBOSA, Ana Mae (Org.). **Arte-educação no Brasil.** 6ª Editora. São Paulo. Editora Perspectiva S. A. 2009.

GALEFFI, Romano. **Fundamentos da criação artística.** São Paulo. Editora da Universidade de São Paulo. 1977.

GOMES, Fernanda Magalhães. **A arteterapia como instrumento facilitador da aprendizagem.** 2006. 46 f. Monografia (Lato Sensu) Universidade Candido Mendes. Niterói. 2006.

MUSASHI, Miyamoto. **O livro dos cinco anéis.** São Paulo. Clio Editora. 2010.

READ, Hebert. **A educação pela arte.** São Paulo. Livraria Martins Fontes Ltda. 1982.

CALDERAL, Fátima Cristina de Oliveira Duarte. **O uso do lúdico e da arteterapia no processo ensino-aprendizagem do deficiente mental.** 2007. F24. Artigo. Faculdade de Ciências da Saúde da Universidade de Tuiuti do Paraná. Curitiba. 2007.

BENJAMIN, Walter. **Reflexão sobre a criança, o brinquedoe a educação.** 1ª Edição. Livraria Duas Cidades Ltda. 2002.

TSU, Sun. **A arte da guerra.** São Paulo. Editora DPL. 2008.

ORTIZ, Christiana Arguello. **A arteterapia como caminho no auxílio ao tratamento da hiperatividade de crianças e adolescentes.** 2005. F57. Monografia. Rio de Janeiro: Universidade Cândido Mendes, 2005.

CHINÊS, Anônimo. **Os 36 estratagemas, manual secreto da ARTE DA GUERRA.** São Paulo – SP. Ciranda Cultural Editora e Distribuidora Ltda. 2007.

SILVA, Célia Félix de Sá. **Brincando com sucata na educação infantil.** São Paulo. ALL PRINT Editora. 2008.

FÉLIX DE SÁ, Célia. **Materiais alternativos para atividade física na terceira idade.** Amazon. 2018.

FREIRE, Paulo. **Pedagogia da Autonomia: Saberes necessários a pratica educativa.** São Paulo. Paz e Terra. 2011.

HERRIGEL, Eugen. **A Arte cavalheiresca do arqueiro Zen.** São Paulo. Pensamento. 2011.

MARSHALL EDITIONS. **O mais completo guia de sobrevivência.** Ciudad autônoma de Buenos Aires. Catapulta, 2014.

LLAND, Meriel. LEACH, Michael. **O mais completo guia da natureza.** Ciudad autônoma de Buenos Aires. Catapulta, 2017.

OTTONI, Alexandre. **Protocolo Bluehand: Alienígenas.**Curitiba. Nerd Books. 2013.

FOBIYA, Abu. **Protocolo Bluehand: Zumbis.** Curitiba. Nerd Books. 2012.

GAIATO, Mayra. **S.O.S. Autismo - Guia Completo para Entender o Transtorno do Espectro Autista.** Editora nVersos. 2018.

DE OLIVEIRA, Anna Augusta Sampaio. **Conhecimento escolar e deficiência intelectual: Dados da realidade.** Editora CRV. 2020.

WHITMAN, Thomas L. **O Desenvolvimento do Autismo.** Editora M.Books. 2015.

CORTELLA, Mário Sérgio. **Qual é a tua obra?** inquietações propositivas sobre gestão, liderança e ética. Brasil. Editora Vozes Ldta. 2021.

CORTELLA, Mário Sérgio. **Basta!** reflexões urgentes para pais e mães. Barueri, SP. Editora Novo Século. 2017.

PINA JÚNIOR, José Marques. **O livro do arqueiro iniciante.** Manaus, AM. Editora do Autor, 2021.

CONFÚCIO. **As lições do Mestre.** Tradução André Bueno. São Paulo. Editora Jardim dos Livros, 2013.

ADAIR, John. **Estratégias de Liderança de Confúcio.** Tradução Ana Deiró. Rio de Janeiro. Editora Anfiteatro, 2018.

Made in the USA
Columbia, SC
10 March 2023

13491398R00083